KB054370

이기는 직장생활

움직이지 않으면 아무 일도 일어나지 않는다

김인걸 지음

A WINNING
WORKING LIFE

VIVA체

'일을 잘하면 일을 시키고, 이쁘면 진급을 시킨다.' 소위부터 장군까지 30년 동안 군대생활하면서 깨달은 문장입니다. 이 문장은 군대를 비하하는 의미가 아닙니다. 독자께서 '군인은 속물이고, 군대는 아부가 제일 중요한 능력이다.'라고 해석한다면 완벽히 잘못된 풀이입니다. 이 책을 읽고 나면 위 문장이 군대뿐만 아니라 사회생활에도 100% 적용되는 '직장의 진리'임을 이해하실 수 있습니다.

이 책은 30년 동안 산전수전을 겪은 직장인이 경험에서 배운 내용을 정리한 '실전 직장 매뉴얼'입니다. 격투기로 비유하면 도장에서 배운 무예가 아니라 길거리에서 맞고 터지면서 배운 실전 격투기입니다. 이 책의 시작은 초급간부에게 도움을 주고자 A4 용지 2~4장으로 정리했던 가칭 '슬기로운 군대생활'이었습니다.

계급이 높아지면서 정책부서에서 일하다 보니 초급간부

들과 일할 기회가 줄었다가 2022년부터 우연히 야전부대에 근무하면서 그들과 많은 대화를 할 수 있었습니다. 그들의 대화 속에는 복무에 대한 갈등과 답답함이 있었고, '어떻게 살아야 하는가?'에 대한 간절한 고민이 있었습니다. 자신감과 당당함으로 출발한 군인의 삶이 그들의 기대와는 달랐고, 복무에 대한 보람과 긍지 대신에 찾아온 실망감을 감당하기 어렵다고 했습니다. 그래서 급하게 경험에서 체득한 생각을 몇 장으로 정리해서 전달했습니다. 허술하고 개념적으로 요약된 몇 문장에 분에 넘치는 감사의 답변을 받았습니다. 깨달음과 힐링을 느꼈고, 복무하는 동안 아무도 해주지 않았던 내용이라면서 미리 알았으면 좋았을 것이라고 했습니다.

 그날부터 먼지 쌓인 기억 속의 단편적인 경험과 노트에 메모했던 기록을 정리했습니다. 계절이 몇 번 바뀌었지만, 작업은 끝나지 않았습니다. 지루하고 고단했지만, '그들에게 도움이 될 수 있다.'라는 생각에 힘들지 않았습니다. 경험적 요소, 학문적 이론, 그리고 고전古典을 아울러 실용성과 함께 공감이 되도록 노력했습니다. 마침내 그들이 시작한, 그들에 대한, 그들을 위한 책이 만들어졌습니다.

초급간부에게 군대 경험과 전문성이 부족한 것은 당연한 일입니다. 그들이 군대생활을 어렵게 생각하는 것은 정상적인 반응입니다. 그런 군대생활이 갑자기 행복하게 달라지고 소망하는 진급도 먼저 할 방법이 있습니다. 눈치 보지 않고 맘대로 직장생활을 해도 상사와 동료들은 여러분을 칭찬하고 인정해 줄 것입니다.

핵심은 직장의 본질을 이해하는 데 있습니다. 직장의 본질은 서로의 이익을 두고 거래하는 것입니다. 이 개념을 이해하면 직장에 불평하다가 분노로 발전하여 결국 직장을 떠나게 되는 악순환을 끊을 수 있습니다. 그 대신 내가 가진 가치와 자산을 직장에 제공하고 정당한 보상을 요구할 수 있습니다.

　이익에 대해 오해가 있을 수 있어 조금 설명하겠습니다. 군대에서 이익으로 거래하라고 하면 국가에 대한 충성과 헌신의 의미가 퇴색된다고 오해합니다. 군인마저 물질만능주의에 빠졌다고 걱정합니다. 하지만, 이것은 글쓴이가 의미하는 이익과 반대되는 생각입니다. 이익의 사전적 정의는 '물질, 정신적으로 보탬이 되는 것'입니다. 물질적 이익에 금전, 승진, 노동력 제공 등이 있다면, 정신적 이익은 긍지, 보람, 자부심, 공감, 위로 같은 감정의 만족입니다. 군대는 충성과 헌신을 중요한 이익으로 생각합니다. 그래서 군인이 충성과 헌신을 군대에 제공하면 군대는 승진이라는 물질 이익과 긍지, 보람, 자부심이라는 정신 이익을 돌려줍니다. 늘 염두에 두어야 할 점은 사람마다 이익의 기준이 다릅니다. 직장 새내기에게는 물질적 도움이 이익이지만, 오래 근무한 직장인에게는 정신적 공감, 위로, 편안함이 이익입니다. 우리는 원하는 이익을 얻기 위해 상대가 원하는 이익을 줄 수 있어야 합니다. 이 개념은 일반 직장뿐만 아니라 군대도 같이 적용됩니다.

이 책은 '고통을 참아가며 최선을 다하면 성공한다.'라는 말을 거부합니다. 그 말은 사실이 아니기 때문입니다. 불평없이 열심히 일하는 사람은 일만 하다가 직장에서 조용히 잊힙니다. 유능한 인재를 알아보지 못한 직장의 잘못이 아닙니다. 직장인은 자신의 가치와 자산을 직장이 분명히 알 수 있도록 해야 합니다. 그것은 선택이 아니라 필수입니다. 출발점은 직장이 내게 원하는 이익이 무엇인지 아는 것부터입니다.

이 책의 목적은 직장인이 직장생활을 즐겁게 하면서도 원하는 목적을 이룰 수 있는 지혜를 전달하는 데 있습니다. 지식은 배우는 것이지만, 지혜는 체득해서 활용하는 놀라운 힘입니다. 노하우 같은 지식은 요령과 기술을 가르쳐줄 수 있어도, 현실에서 어떻게 언제 활용되는지 알려주지 않습니다. 우리가 수많은 자기계발서를 읽고 영상을 보지만 실천하지 못하는 이유입니다. 이 책에서 제시하는 직장의 본질을 이해하고 실전에서 검증된 경험을 체득한다면 성공하는 직장생활을 위한 지혜가 될 것을 확신합니다.

끝으로 부족한 글에 놀라운 통찰력을 주신 선배, 동료, 친구들과 옆에서 세심하게 조언해 준 아내 오유정에게 감사를 드립니다. 지금도 성공하는 직장생활에 관한 학술자료와 자기계발서는 시중에서 쉽게 찾아볼 수 있습니다. 너무 많아서 어디부터 읽어야 할지 결정하기 어렵습니다. 부디 이 책이 그런 정보의 더미에 또 하나의 더미가 되지 않기를 간절히 희망합니다.

차 / 례

03 | 경쟁하는 동료에게 칭찬받기

차 / 례

01

직장은
이익 거래 시장

직장은 이익을 위해
찾아간 곳

일하는 한국인 77%는 직장인입니다

사람은 특별한 이유가 없다면 누구나 직장에 취업합니다. 직장을 위해서가 아니라 본인이 원하는 이익을 얻기 위해서입니다. 한국인의 10명 중 8명은 직장에서 소득을 얻습니다. 2023년 10월 통계청이 발표한 경제활동인구[01]는 2,939만여 명이며, 그중 취업자는 98%입니다. 취업자 중에서 임금을 받는 근로자[02]는 2,208만여 명으로 77%입니다. 나머지 23%는 자영업자이거나 자영업자를 도와주는 가족, 친인척입니다. 요약하면 일을 하

---

[01] 경제활동인구는 만 15세 이상 인구 중 재화나 용역을 생산하기 위해 노동을 제공할 의사와 능력이 있는 사람을 말한다.

[02] 사용자에게 고용되어 노동력을 제공하고 그 대가로 임금이나 급료 등의 수입을 얻어 생활하는 사람을 근로자라 한다.

는 한국인 77%는 직장을 다니고 있다는 의미입니다.

직장을 다니는 대표적인 이유는 생계유지입니다. 직장의 사전적 정의도 '생계를 꾸려 갈 수 있는 직업을 제공하는 장소'라고 되어있습니다. 하지만 직장은 단순히 생계유지뿐만 아니라 개인이 추구하는 가치나 이념을 성취하기 위해 다니기도 합니다. 권력을 원하는 사람은 국회로 출근하고, 학문에 호기심이 많은 사람은 대학이나 연구소가 직장이 될 것입니다. 종교에 대한 신념을 가지신 분들은 성직자라는 직업으로 살아갑니다.

직장은 직장마다 설립 목적이 있습니다. 직원을 채용하는 이유는 설립 목적을 실현하기 위함입니다. 직장은 목적 달성에 이바지한 구성원을 대우합니다. 기대에 미치지 못하면 직원을 해고하거나 지급하는 보수를 삭감합니다. 직장에서 계속 일하고 싶다면 직장에서 요구하는 이익을 제공해야 합니다. 직장이 복지제도를 다양하게 운영하는 이유도 직장에 더 많은 이익을 가져오라고 투자하는 것입니다.

길게 설명했지만, 직장인은 직장에서 이익을 거래하고 있다는 점을 강조하고 싶었습니다. 직장인에게는 직장의 설립 목적이 아니라 연봉 같은 개인의 이익이 중요합니다. 직장 또한 이익을 벌

어다 주는 개인에게만 관심이 있습니다. 개인이 직장으로부터 대우를 받고 싶다면 직장이 원하는 이익을 제공해야 합니다. 하지만 많은 직장인은 "회사가 내 가치를 모르고 있다."라고 불평합니다. 그런 불평은 본인의 에너지를 낭비하고 스트레스를 주는 행위입니다. 직장이 전혀 관심을 두지 않는 공허한 불평 대신 개인의 가치를 제대로 알려야 합니다. 개인의 가치와 자산을 늘려서 직장과 이익을 거래할 수 있어야 합니다. 거래를 위해서는 직장이 원하는 이익이 무엇인지 우선 알아야 합니다. 그리고 내가 보유한 가치와 자산으로 직장에 이익을 제공할 방법을 찾아야 합니다. 직장이 원하는 기준보다 낮다면 내가 보유한 이익을 늘려야 합니다. 이 책은 여러분의 이익을 극대화하는 방법과 직장에 효과적으로 전달하는 방법에 관한 이야기입니다.

개인이 직장에
원하는 이익

개인 이익의 방향이 물질에서 정신 중심으로 바뀌고 있습니다

개인이 직장에 바라는 이익은 시대에 따라 달라지고 있습니다. 2021년에는 직장 선택의 기준에 연봉이 가장 중요한 항목이었습니다. 20·30세대 1,865명을 대상으로 설문조사를 한 결과 33.8%가 연봉을 선택하였고, 워라밸이 23.5%로 2위였으며, 고용 안정성, 복리후생, 성장 가능성이 뒤를 이었습니다.[03] 그러나 불과 2년이 지난 후에는 워라밸로 바뀌었습니다. 20·30세대 827명을 대상으로 조사한 결과, 36.6%가 '워라밸'을 선택하였습니다. 월급이 29.6%로 2위였으며, 정년 보장, 발전 가능성 순이었

---

03 동아일보, 2021.9.29.

습니다.[04]

설문조사처럼 개인이 직장에 원하는 이익은 경제적 이익에서 삶의 질로 변환되는 듯 보입니다. 현대인은 단순히 경제적 이익 때문에 직장을 선택하지 않고 워라밸 같은 정신적 이익을 원하고 있습니다. 복리후생, 수평적 기업문화, 기업의 사회적 기여도 등도 물질적 이익과 관련이 없는 정신적 이익입니다. 직장이 유능한 직원을 희망한다면 개인에게 정신적 이익을 어떻게 제공할 수 있을지 고민해야 합니다. 마찬가지로 직장이 개인의 이익을 위해 노력하는 것처럼 개인도 직장이 무슨 이익을 기대하는지 알아야 합니다. 업무 능력 같은 물질적 이익인지, 책임감 같은 정신적 이익도 요구하는지 고민해야 합니다. 직장이 요구하는 이익을 경쟁자보다 먼저 알게 되면 내 쪽으로 기울어진 운동장에서 경쟁을 시작할 수 있습니다.

직장은 목적에 따라 공공기관, 민간 회사, 비정부기구 등으로 구분됩니다

2020년 우리나라 직업의 수는 12,823개이며 유사 명칭까지

---

04 동아일보, 2023.4.10.

따로 포함하면 16,891개라고 합니다.[05] 직장의 수는 중소기업이 728만 6천23개로 전체 기업의 99.9%에 이릅니다.[06] 반면, 근로자 비율로 보면 중소기업 근로자는 전체 근로자의 81.3%입니다. 근로자 5명 중 4명은 중소기업에 근무하고 있다고 볼 수 있습니다. 그리고 0.1%에 불과한 대기업과 중견기업에 근로자의 19%가 근무하는 것을 알 수 있습니다.

직장은 설립 목적에 따라 세 가지 직장으로 구분될 수 있습니다. 먼저 고용주가 국가인 공공기관은 공공의 이익이 목적입니다. 다음으로 민간 회사는 이윤 창출이라는 목적에 따라 운영됩니다. 마지막 비정부기구나 비영리단체는 경제적 이익이 아닌 환경 보호, 빈민국 지원, 인권 개선 등 비영리적 목적을 위해 운영됩니다. 두 단체가 비슷한 목적으로 설립되어 유사한 일을 하지만, 활동 영역이 1개 국가를 벗어나 글로벌 수준이 되면 비정부기구로 불립니다. 예를 들면 국제앰네스티, 그린피스, 국경없는의사회 등이 해당합니다. 반면 자국 내에서 경제, 환경, 교육, 노동, 인권 등과 관련된 시민단체는 비영리단체로 보면 무난합니다. 이런 단체들은 경제적 이익이 아닌 단체의 가치관과 이

---

05 한국고용정보원, 한국직업사전 통합본, 제5판, 2020.
06 중소벤처기업부, 중소기업 기본통계, 2020.

넘 구현을 목적으로 합니다.

개인이 원하는 이익을 정확히 찾으려면 직장 설립 목적을 살펴보면 됩니다. 공무원은 경제적 이익보다 명예나 권력에 유리합니다. 민간 회사 근로자는 경제적 이익 획득에 적합합니다. 비정부기구나 비영리단체 근로자는 개인이 지향하는 가치관이나 이념을 구현하기에 안성맞춤입니다. 권력이나 명예를 추구하는 직장에서 경제적 이익을 추구한다면 부정부패에 관련될 수 있습니다. 경제적 이익을 추구하는 직장에서 개인의 가치관이나 이념을 지향하면 세상 물정을 모른다고 쫓겨날 것입니다. 그래서 개인이 추구하는 이익에 적합한 직장을 선택해야 합니다. 직장은 개인이 추구하는 이익이나 가치관에 관심이 없기 때문입니다.

직장이 개인에게
원하는 이익

직장의 인재상은 전문성 같은 유형의 항목에서 책임 의식 같은
무형의 항목으로 변화되고 있습니다

개인이 직장에 기대하는 이익이 있듯이 직장도 개인에게 기
대하는 이익이 있습니다. 공무원에게는 공공의 이익을, 민간 회
사의 직장인에게는 경제적 이윤을, 비정부기구나 비영리단체는
직장의 가치관이나 이념의 실현을 요구합니다. 개인이 직장에
원하는 이익과 가치를 제공하지 못하다면 직장은 개인이 원하
는 이익을 제공하지 않습니다.

직장이 원하는 이익을 알기 위해서는 직장이 원하는 인재상
을 알아야 합니다. 인재상은 사회 환경에 따라 변해왔습니다.

대한상공회의소가 2023년 매출액 상위 100대 기업을 대상으로 인재상을 분석했습니다.[07] 그 결과 기업들이 바라는 중요한 3대 인재상은 '책임 의식', '도전 정신', '소통·협력' 같은 개인의 인성과 관련된 항목이었습니다. 반면, 업무 성과와 연관된 창의성, 전문성, 글로벌 역량, 실행력 등은 과거 대비 순위가 하락하였습니다. 과거에는 전문성, 창의성 같은 성과와 관련된 유형적 항목이 중요했다면 지금은 책임 의식, 도전 정신 같은 개인의 무형적 항목을 중요하게 평가합니다.

100대 기업 인재상 순위 변화 추이

구분	2008년	2013년	2018년	2023년
1위	창의성	도전 정신	소통·협력	책임 의식
2위	전문성	책임 의식	전문성	도전 정신
3위	도전 정신	전문성	원칙·신뢰	소통·협력
4위	원칙·신뢰	창의성	도전 정신	창의성
5위	소통·협력	원칙·신뢰	책임 의식	원칙·신뢰
6위	글로벌 역량	열정	창의성	전문성
7위	열정	소통·협력	열정	열정
8위	책임 의식	글로벌 역량	글로벌 역량	글로벌 역량
9위	실행력	실행력	실행력	실행력
10위	–	–	–	사회공헌

07   대한상공회의소, 100대 기업인재상 보고서, 2023.1.31.

주의할 점이 있습니다. 인재상의 순위를 대중음악의 가요 순위처럼 절대적 인기 순위로 생각하면 오류가 발생합니다. 전문성이나 글로벌 역량의 중요성이 낮아져 순위가 떨어진 것이 아닙니다. 오히려 신입직원의 전문성이 상향 평균화되었다는 의미로 볼 수 있습니다. 신입사원은 직장 입사 전에 연수 및 인턴 생활을 통해 직장에서 요구하는 전문성을 갖추고 입사합니다. 입사 후에는 직장에서 진행되는 교육으로 전문성을 높일 수 있습니다. 또한, 과학기술의 발전으로 AI, 업무용 소프트웨어 등이 개인의 전문성을 대신합니다. 미래학자는 최고 수준의 전문성이 요구되는 의료, 법 분야에서부터 AI가 인간을 가장 먼저 대체할 것으로 예측합니다. 그래서 직장은 대체할 수 있는 전문성보다 이직이 잦은 젊은 세대의 성향을 고려해 정서적 요소를 더 중요하게 평가하고 있습니다. 요약하면 직장이 요구하는 인재상은 전문성 같은 유형의 항목에서 과학기술로는 대체할 수 없는 무형의 정서적 항목으로 변화되고 있습니다.

직장에서 요구하는 이익에 집중해야 합니다

업종별 인재상에서도 무형적 요소가 1~3위를 차지하고 있습니다. 취업을 준비한다면 전문성, 창의성이 아니라 책임 의식, 도전 정신, 소통·협력 같은 무형적 요소를 먼저 생각해야 합니다. 직장이 요구하는 이익이 변하고 있는데 독불장군처럼 내가 생각하는 이익만을 고집하면 나만 손해입니다. 무형의 정신적 항목에 대한 이해를 위해 군대 경험을 소개합니다.

괘씸죄는 군대에서 가장 큰 죄라는 유머가 있습니다. 괘씸죄는 상관의 심기를 거스르거나 의도에 벗어나는 언행으로 쉽게 말하면 상관의 기분을 상하게 한 죄입니다. 농담 같은 사실입니다. 군대는 민간보다 정서적 가치를 더 중요하게 생각합니다. 여러 가지 이유가 있겠지만, 군대는 상호 공감과 교감이 중요하기 때문입니다. 전투 현장은 언제 죽어도 이상하지 않은 극한의 환

100대 기업 업종별 인재상 순위

구분	제조업	금융·보험업	무역·운수업	건설업	도소매업	기타서비스업
1위	도전 정신	원칙·신뢰	책임 의식	소통·협력	책임 의식	책임 의식
2위	책임 의식	도전 정신	도전 정신	도전 정신	소통·협력	소통·협력
3위	소통·협력	책임 의식	소통·협력	원칙·신뢰	전문성	창의성
4위	창의성	소통·협력	창의성	책임 의식	열정	열정
5위	열정	창의성	전문성	창의성	도전 정신	사회공헌
6위	원칙·신뢰	전문성	열정	전문성	원칙·신뢰	원칙·신뢰
7위	전문성	열정	글로벌 역량	글로벌 역량	실행력	글로벌 역량
8위	실행력	글로벌 역량	원칙·신뢰	열정	창의성	전문성
9위	글로벌 역량	사회공헌	실행력	실행력	사회공헌	도전 정신
10위	사회공헌	실행력	사회공헌	사회공헌	글로벌 역량	실행력

경입니다. 그런 상황에서 의지할 수 있는 사람은 옆의 전우밖에 없습니다. 상관의 작전 지시는 죽음을 예상하면서도 따라야 합니다. 상호 믿음과 신뢰가 없으면 임무 수행이 되지 않습니다. 그런 믿음과 신뢰를 군대 용어로 사기와 군기라고 합니다. 인류의 전쟁 역사를 통해 사기와 군기는 전쟁 승리의 핵심 요소임이 증명되었습니다. 2,000여 년 전의 병법서나 현대 군대 교범에서도 사기와 군기의 중요성이 항상 명시되어 있습니다. 독자께서 군인이나 공무원이 직업이라면 무형의 항목을 더 집중해야 합니다. 민간 회사에 다니더라도 전문성만큼 무형의 항목에 관심을 두고 준비하시길 권합니다.

내가 모르는
내 안의 가치와 이익

내가 가진 가치와 이익을 알아야 거래가 시작됩니다

시장은 사람들이 상품을 매매하는 장소입니다. 시장에 판매할 물건이나 노동력(이하 상품)이 없는 사람은 거래할 수 없습니다. 상품이 있어도 서로가 동의해야 거래가 성사됩니다. 상품이 없거나 동의가 없으면 우리는 아무것도 얻을 수 없습니다. 상품이 없는데 거래하려면 상대에게 구걸해야 합니다. 구걸은 일방적인 부탁이므로 거래가 아니며, 거절당해도 실망하지 않습니다.

직장도 서로의 이익을 매매하는 장소입니다. 다만, 시장과 차이점은 시장의 상품은 눈으로 볼 수 있지만, 직장인의 이익은 보이지 않습니다. 시장에서는 상품이 거래되지만, 직장에서는 유형의 이익 외에도 무형의 이익이 거래됩니다. 오히려 무형의 이익이 더 가치가 있습니다. 연예인은 대표적인 무형의 이익 보유자입니다. 팬들은 연예인을 위해 경제적 비용이나 시간을 아끼지 않습니다. 대신 연예인에게 행복, 위로, 만족이라는 무형의 이익을 얻습니다.

거래를 위해서는 내가 가진 이익이 무엇인지 알아야 합니다. 주의할 점은 내가 가진 가치와 이익을 알아도 그 전부를 직장과 거래할 수 없다는 것입니다. 직장이 원하는 이익이어야만 거래가 됩니다. 그래서 직장이 원하는 이익을 알고 그중에서 내가 제공할 수 있는 이익을 알면 효과적입니다. 다음 장에 군대와 민간 회사에서 사용하는 인사고과 평가표와 인재상 등을 참고하여 정리했습니다. 업무 성과와 직접 관련된 유형의 이익과 정서적 무형의 이익을 중심으로 분류했습니다. 여러분이 보유한 이익을 평가해 보시기 바랍니다.

먼저 유형의 이익입니다. 그 중 업무 능력은 직장에서 요구하는 기본기에 해당하는 항목입니다. 배우의 연기력, 운동선수의 신체 능력, 가수의 가창력 같은 능력입니다. 업무 성과는 주식의 실질 수익과 같습니다. 민간 회사는 실적이 분명해서 실적을 기준으로 연봉, 성과급 등을 평가합니다. 공공기관은 업무 성과를 객관적으로 평가하기가 어려울 때가 많습니다. 사고 없이 안정되게 조직이 운영되면 우수하게 평가받기도 합니다.

직장 인사고과 평가표에 근거한 유·무형 이익 평가표

구분		내용	평가결과				
			1	2	3	4	5
유형	업무 능력	전문 지식					
		보고서 능력					
		기획력					
		창의력					
	업무 성과	업무의 질					
		업무의 양					
		업무 달성도					
무형	품성·태도·자질	책임 의식					
		충성심(애사심)					
		발전성					
		준법성					
		편협·과시적 여부					
	호감 지수	공감 능력					
		취미·취향 유사성					
		인적 네트워크					

다음으로 무형의 이익입니다. 먼저 품성, 태도, 자질은 사람의 '면역력'과 '목표 달성을 위한 지구력' 지수를 측정할 수 있는 항목입니다. 면역력이 없으면 우수한 재능이 계속될 수 없고, '목표 달성을 위한 지구력'이 없으면 잠깐 인기를 얻더라도 자연스럽게 도태됩니다. 신입사원에게는 업무 역량이 중요하지만, 중간 관리자 이상 직위가 되면 품성, 태도, 자질이 더 중요한 항목이 됩니다.

예를 들어보겠습니다. 성공한 사람에게는 쾌락, 유혹, 과시 같은 병균이 항상 따라다닙니다. 그런 병균을 견딜 수 있는 면역력이 없으면 사람은 병에 걸리게 됩니다. 재능있는 사업가, 공무원, 연예인이 성매매, 마약, 사기, 갑질 등으로 처벌을 받거나 사회적으로 매장되는 뉴스를 종종 볼 수 있습니다. 재능만큼 품성·태도·자질이 준비되지 못했기 때문입니다. 재능이 없는 평범한 사람이었다면 오히려 주목받지 않았을 것입니다.

목표 달성을 위한 지구력은 연예계를 보면 쉽게 이해됩니다. 대중음악에 '원 히트 원더One-hit Wonder'라는 말이 있습니다. 한 곡만 히트하고 잊힌 가수를 뜻합니다. 지금은 문학, 영화, 게임, 코미디, 스포츠 분야에서도 사용되고 있습니다. 물론 한 번의 히트라도 재능, 노력, 행운이 필요합니다. 하지만 한 번의 인기 이후 이어지는 성공이 없다면 그 한 번의 인기는 행운일 수 있습니다. 목표를 향한 지속적인 노력이 없다면 한 번의 성공은 평생의 아픈 추억일 수 있습니다.

호감을 줄 수 있는 능력은 업무만큼 중요합니다

호감 지수는 글쓴이가 추가한 무형의 자산입니다. 호감 지수는 타인에게 유형의 이익을 주지 않지만, 인간관계 측면에서 이익이 됩니다. 글쓴이는 30년 경험을 통해 호감 지수의 중요성을 배웠습니다. 하지만 공개적으로 평가하면 인권침해 소지가 있고 공정성 시비가 발생합니다. 그래서 공식적으로 평가하지 않지만, 다른 항목에 자연스럽게 포함되어 평가됩니다.

호감 지수의 세부 항목을 설명하겠습니다. 호감 지수를 '공감 능력', '취미·취향 유사성', '인적 네트워크' 세 가지 항목으로 분류했습니다. 먼저, 공감 능력은 타인의 생각에 개인 의견을 추가하지 않고 들어주는 태도입니다. 쉬워 보이지만 어렵습니다. 사람은 본인도 인식하지 못하는 순간에 상대방에게 충고, 조언, 평가 등을 합니다. 공감 능력은 개인의 의견을 모두 배제한 가운데 상대의 이야기에 고개만 끄덕일 수 있는 매우 고난도의 능력입니다. 타인의 비위를 맞추려고 알랑거리는 '아부'와는 다릅니다. 공감 능력은 아부를 포함한 더 큰 개념입니다. 대부분 사람은 아부를 좋아하지만, 싫어하는 수준을 넘어 혐오하는 사람도 있습니다. 공감 능력은 말 그대로 타인의 생각과 의견을 들어주고 "그렇게 생각할 수 있겠구나."라고 말할 수 있는 능력입니다. 공감 능력이 우수한 사람은 상대의 말도 잘 들어주고 아부를 좋아하는 사람에게는 아부도 잘합니다. 그리고 상대방이 자연스럽게 말을 이어 갈 수 있도록 중간중간 "어, 그래. 그랬구나. 그래서 어떻게 되었어?" 등의 추임새도 놓치지 않습니다.

경험을 소개합니다. 군대 선배 중에 업무 능력이 뛰어나고 품행이 모범적인 선배가 있었습니다. 모든 일에 적극적이면서도 성과가 좋으면 후배들에게 공을 돌렸습니다. 당연히 후배들에게 인기가 있었습니다. 글쓴이는 고위직 상사도 선배를 좋아하리라 생각했습니다. 업무 역량이 우수하고 강한 책임감으로 늘 성과를 냈기 때문입니다. 하지만 많은 상급자가 선배를 꺼린다는 것을 알았습니다. 선배는 상급자의 업무 스타일이나 업무 추진 방향에 대해 늘 소신껏 의견을 제시했습니다. 가만히 있어도 될 일을 개인 판단에 따라 조목조목 장단점을 짚어가며 평가나 조언 같은 말을 습관적으로 했기 때문입니다. 특히 고위직 상급자는 선배를 못마땅하게 생각했습니다. 선배 성격을 이해하고 그러려니 했던 상급자도 고위직이 된 후부터는 선배와 대화를 피했습니다. 솔직하고 직언했던 선배의 군대생활은 평탄치 않았습니다.

다음으로 취미·취향의 유사성입니다. 취미와 취향은 유사하지만, 의미가 다릅니다. 취미는 '전문적으로 하는 일이 아니라 즐기기 위해 하는 일'이라는 의미입니다. 예를 들면 독서, 음악 감상, 테니스·골프 같은 운동, 그림 그리기, 악기 연주 등 쉬는 시간에 하고 싶은 일을 의미합니다. 취향은 '하고 싶은 마음이 생기는 방향이나 경향'을 의미합니다. 예를 들면 술 중에서도 와인, 수제 맥주, 위스키 등 사람마다 좋아하는 취향은 다릅니다. 음식도 갈비, 스테이크, 파스타 등 좋아하는 음식마다 취향이 다릅니다. 좋아하는 게임, 애니메이션, 작가도 개인 취향이 있습니다. 취향은 기존의 취미를 개인 맞춤식으로 구체화한 것이라 할 수 있습니다.

코로나19 이후 취향 공동체에 관한 관심이 급부상하면서 '문토'라는 SNS 플랫폼은 불과 2년 만에 규모가 300배 성장했다고 합니다.[08] 취향 공동체가 성장한 이유는 1인 가구 증가, 코로나19로 만남 기회 부족, SNS 플랫폼 발달, 주 52시간제로 인

---

08   시사저널, 1779호, 2023.11.18.

한 여유 시간 증가 등이라고 합니다. 취미·취향 공동체는 직장에서 학연, 지연, 혈연보다 더 자주 접촉합니다. 사적인 모임이므로 업무적인 관계보다 편하게 대화합니다. 취미·취향은 개인의 선택입니다. 격렬한 운동이나 특별한 재능이 필요한 분야가 아니면 몇 개라도 할 수 있습니다. 직장 상사나 중요 고객과 취미·취향이 같다면 직장생활에 많은 도움이 될 것입니다. 예를 들어보겠습니다. 군대에서 축구는 사람 사귀기 좋은 운동입니다. 직장의 규모가 커서 사람이 많으면 모든 직원의 이름을 알지 못할 때가 많습니다. 같은 부대에 근무했어도 업무로만 접촉하면 얼굴이 낯익어도 이름을 모릅니다. 그런데 축구 경기를 하면 자연스럽게 이름을 알게 됩니다. 운동하며 이름을 부르고 운동 끝나면 자연스럽게 대화하면서 알게 됩니다. 그래서 직장에서는 축구 같은 단체 운동이 사람과의 중요한 연결고리 역할을 합니다.

처음 만나는 사람과 대화는 30년 차 직장인에게도 항상 부담입니다. 특히, 연장자이거나 다른 직장의 고위직이라면 무슨 소재로 대화해야 할지 고민됩니다. 이럴 때 취미·취향에 대한 질문으로 어색함을 풀 수 있습니다. 정치, 종교, 주식, 부동산, 문학, 음악, 역사 등 다양한 분야가 있습니다. 경험상 연장자에게는 건강 소재가 좋고, 중간 관리자에게는 재테크 이야기가 좋으며, 초급간부는 직장의 노하우 같은 자기계발 내용이 좋습니다. 제 경험에 따르면 요즘 젊은 장병은 주식투자 같은 재테크와 인생에 도움이 되는 개인 습관에 관심이 많았습니다. 모든 내용을 알 필요도 없고 대화를 주도할 필요도 없습니다. 첫 질문 후 상대방의 이야기를 들으면서 "그렇군요. 그래서요? 어떻게 되었나요?"라며 관심을 보이면 됩니다. 같은 관심사의 이야기는 처음 만난 사람이더라도 자주 만난 사람처럼 친하고 편하게 만듭니다.

마지막으로 인맥이라고도 불리는 인적 네트워크입니다. 과거에도 인적 네트워크는 성공 항목에 늘 빠지지 않았습니다. 그런데 통신수단의 급격한 발달은 개인의 연락을 빠르고 편하게 만들었고, 개인 간의 접촉이 더 쉬워지면서 인적 네트워크의 힘은 더 강력해졌습니다. 혼자 모든 문제를 해결할 수 없지만, 지인 중에는 문제를 해결할 수 있는 사람이 있을 수 있습니다. SNS 발달로 지인들과 소통은 더욱 간편해졌고 효과적으로 할 수 있습니다. 인적 네트워크는 학연, 지연, 혈연처럼 자연적으로 형성되기도 하며 취미·취향처럼 개인의 선택으로 만들어지기도 합니다. 앞선 호감 지수 항목들도 인적 네트워크 구축을 위한 과정이라고 할 수 있습니다. 지인 중에 상사와 좋은 관계에 있는 사람이 있다면, 그 사실만으로도 상사와 친분이 생깁니다. 글쓴이를 처음 만나는 민간인들은 대화 첫 마디에 늘 이런 질문을 합니다. "군대 고위직 A 씨를 알고 있는데 당신도 알고 있습니까?" 글쓴이는 상대가 고위직 A와 친분 여부를 묻는다고 생각하지 않습니다. 글쓴이는 그 말을 이렇게 해석합니다. "나를 고위직 A 씨처럼 대우 해달라." 고위직과 동등한 수준의 사회적 지위에 있으니 똑같이 대우해 달라는 우회적 표현입니다. 새내기 시절에는 인적 네트워크 형성이 어렵습니다. 새내기는 소유한 이익이 없거나 매우 적기 때문입니다. 그래도 인연을 맺은 사람이 있다면 꾸준히 관리해 가야 합니다. 작은 인연에 시간의 복리 효과를 더하면 소중한 이익이 됩니다. 그런데 상대가 미래에도 도움 될 이익을 가진 대상인지 알기 어렵습니다. 그래서 인연은 맺기보다 지속하기가 더 어렵습니다. 오랜 기간 유지된 인적 네트워크는 직장생활을 오래 할수록 개인에게는 더 많은 이익을 제공합니다.

상대방의 이익을 임의로 판단하면 안 됩니다

내가 가진 이익을 알았다면 상대가 원하는 이익도 알아야 합니다. 우리가 가진 이익이 상대가 좋아하는 이익이라면 최상입니다. 우리는 그것을 궁합이 좋다고 하거나, 화학 반응의 의미로 '케미'가 맞는다고 합니다. 주의할 점은 상대의 이익을 모르면 함부로 추측하면 안 됩니다. 사람이 선호하는 이익이 금전, 명예, 권력 등 대부분 비슷해서 함부로 추측할 때가 있습니다. 상대의 이익을 모르면 관찰과 질문으로 확인해야 합니다. 확인하는 과정이 부담스럽고 상대로부터 불필요한 오해를 받을 수도 있습니다. 하지만 섣부르게 판단해 되돌릴 수 없는 상황으로 가지 않는 것이 중요합니다.

이해를 돕기 위해 사례를 소개합니다. 글쓴이가 같이 근무했던 상사 중에 합리적이고 원칙적인 분이 있었습니다. 그 상사가 인사 팀장으로 근무할 때 직장 후배들은 그 상사와 친분을 쌓으려고 애썼습니다. 인사 팀장 직위는 특정인 승진 여부에 영향력이 있기 때문입니다. 후배 중에 A 씨는 열정적인 업무 자세로 좋은 평을 받았습니다. 그런데 A 씨가 친분을 맺기 위해 부서의 내부 정보를 문자나 메일을 통해 상사에게 보냈습니다. 일반적으로 직장인은 직장에서 발생하는 사건·사고에 대해 궁금해하고 정보를 얻으려고 노력합니다. 그래서 그런 정보를 제공하는 사람이 있다면 거부하지 않고 지속적인 제공을 당부합니다. A 씨는 상사도 그럴 것으로 추측했던 것 같습니다. 하지만 상사는 내부 정보를 임의로 공개하는 것은 잘못된 것이며, 본인에게도 보내지 말라고 야단쳤습니다. 후배는 상사가 중요하게 생각하는 이익을 정확히 알지 못했던 것입니다. 후배는 상대의 이익을 임의로 판단한 결과, 인사 팀장으로부터 같이 근무하지 말아야 할 부정적인 직원으로 평가받았습니다.

　글쓴이의 사례를 소개합니다. 글쓴이가 영관장교 시절 워커홀릭 상사와 같이 근무한 적 있었습니다. 본인도 열심히 근무하면서 글쓴이에게도 업무 관련 질문을 수시로 했습니다. 글쓴이는 상사의 잦은 질문에 어떻게 대응할지 고민했습니다. 상사가 찾을 때마다 항상 자리를 지키기도 어려웠고, 갑작스러운 질문에 답변하려면 관련 자료를 늘 숙지해야 했기 때문입니다. 그래서 업무 진행 과정을 먼저 보고했습니다. 상사는 보고받는 것을 좋아했고 저도 갑자기 전화 받고 답변하는 것보다 편했습니다. 워커홀릭 상사와 근무 경험은 '상사는 보고받기 좋아한다.'라는 고정관념을 갖게 하였습니다. 그 이후 다른 상사와 근무할 때도 자주 보고했고 대부분 상사에게 칭찬받았습니다. 그런 경험이 "상사에게 가능하면 자주 보고한다."라는 잘못된 습관을 갖게 하였습니다. 그러다 새로운 상사 B 씨와 근무하게 되었습니다. 글쓴이는 평소처럼 열심히 보고했습니다. 상사 B 씨가 알아야 할 내용이라고 판단하면 수시로 보고했습니다. 업무에 최선을 다했기에 인정받고 있다고 생각했습니다. 그런데 며칠 지나서 상사 B 씨에게 꾸지람을 들었습니다. 중요하지 않은 보고를 받느라고 시간을 낭비한다는 것이었습니다. 글쓴이가 수시로 들어와 본인의 일에 집중하기 어렵다고 했습니다. 상사 B 씨에게 중요한 이익은 시간 관리였습니다. 업무는 실무자가 하는 것이고 본인은 핵심만 알기를 원했습니다. 상사 B 씨는 혼자서 조용히 고민할 시간을 원했는데 수시로 보고하는 글쓴이가 불편했던 것입니다. 상사의 중요 이익을 맘대로 추측한 글쓴이의 아픈 기억입니다.

이익으로
거래하라

기대하지 말고 거래해야 합니다

직장의 본질은 서로의 이익을 거래하는 데 있습니다. 이 문장을 물질만능주의로 오해하지 않아야 합니다. 물질만능주의는 금전을 최고 가치로 믿고 인생의 모든 관계를 금전으로 생각하는 것입니다. 글쓴이는 개인의 가치와 자산은 돈과 같은 유형의 이익과 감정 같은 무형의 이익으로 구분되며, 무형의 이익이 더 중요하다고 강조했습니다. '이익으로 거래하라'는 말은 직장에 불평하지 않고 구걸식 배려를 기대하지 말라는 의미입니다. 우리는 직장의 본질을 오해하고 있습니다. 그래서 상사와 동료에게 기대하고, 의지하며 눈치를 봅니다. 우리는 직장에 제공하는 이익만큼 정당한 이익을 요구해야 합니다. 이 문장을 각성하면 우리의 직장생활은 마법처럼 새롭게 변합니다. 스트레스는 줄고 획득하는 이익은 체감할 만큼 증가합니다.

직장은 이익 거래소라는 개념을 이해하면 변화는 시작됩니다. 시장의 본질은 거래입니다. 시장에서는 기대만으로 원하는 물건을 얻지 못합니다. 거래하기 위해서는 내가 소유한 이익과 상대가 원하는 이익에 대해 알아야 합니다. 상품을 팔려면 소비자의 요구를 알아야 하는 점과 같습니다. 이 책은 여러분이 소유한 이익과 직장이 원하는 이익에 대해 알려드립니다. 그리고 우리의 이익을 극대화하는 방법을 제시합니다. 공허한 기대로 시간과 에너지를 낭비하지 말고 우리의 이익으로 직장과 정당한 거래를 시작합시다. 직장생활의 만족도와 우리가 원하는 이익이 자연스럽게 증가할 것입니다.

고전에 소개된 명언을 소개합니다. 우리는 고전을 읽다 보면 신하와 장수들이 군주를 위해 목숨마저 버리는 모습을 자주 볼 수 있습니다. 그들의 충성심과 용기는 가슴을 웅장하게 만듭니다. 물질만능주의에 찌든 속물 같은 현대인들은 감히 상상하기 어려운 행동이라 생각합니다. 하지만 고전에 나오는 현인賢人들의 생각은 달랐습니다. 유명한 병법서인 『육도삼략』의 저자로 알려진 강태공은 "물고기는 미끼 때문에, 낚싯줄에 걸리는 것이며, 사람은 녹봉을 먹기 때문에, 군주에게 복종하는 것이다."라고 했습니다. 중국의 법가 사상을 집대성한 것으로 알려진 한비자는 "군주와 신하는 추구하는 이익이 다르므로 신하에게 충성을 기대하지 말라."고 했습니다. 부하는 이익으로써 다스리는 것이지 군주에 대한 충성심에 기대지 말라는 말입니다. 『손자병법』의 손자는 "적으로부터 자원을 탈취하기를 원한다면 부하들에게 그 재물을 상으로 주어라."라고 했습니다. 이처럼 과거에도 사람은 본능적으로 이익을 추구했습니다. 사람의 이익 추구는 시대를 초월합니다. 2,000년 전에도 신하와 장수가 군주를 위해 목숨을 걸었다면 그에 상응하는 이익이 있었기 때문입니다. 그것이 재물 같은 유형의 이익인지 군주의 신뢰 같은 무형의 이익인지 알 수 없지만, 이익 거래에 동의했기 때문에 목숨을 걸었던 것입니다.

거래는 부탁이 아니라 설득으로 성사됩니다

사람은 거래할 때 적게 주고 많이 받으려 합니다. 그래야 이익이 남기 때문입니다. 그러나 30년 직장생활은 많이 남기려는 거래는 90% 실패한다는 사실을 알게 했습니다. 이유는 상대가 적게 받고 많이 준다고 판단했기 때문입니다. 수요와 공급이라는 시장의 기본 원칙을 고려하면 당연한 결과입니다. 그렇다면

10%는 왜 성공할까요? 상대가 손해를 감수하고 거래에 동의하는 것일까요? 직장에서 타인을 배려해서 손해를 감수하고 거래하는 경우는 없습니다. 50년 인생 경험에 따르면 자신의 손해를 감수하는 사람은 가족뿐입니다. 그럼, 거절하는 90%와 동의하는 10%의 차이는 무엇일까요? 그 차이는 상대에 있지 않고 거래를 제의하는 우리의 태도에 있습니다. 성공의 핵심은 상대에게 부탁하지 않고 설득하는 데 있습니다. 사람은 유리한 거래의 경우 겉으로는 표현하지 않더라도 마음속으로 상대에게 미안한 생각을 갖게 됩니다. 미안한 생각 때문에 정당하게 협상하지 못하고 부탁하는 방법을 사용합니다. 이때 상대는 사정하듯 부탁하는 모습에 손해 보는 거래라고 확신합니다. 본인도 손해라고 생각하던 중 부탁하는 태도를 보고 확신하게 됩니다. 반대로 성공하는 10%는 상대를 설득합니다. 상대에게도 충분한 이익이 제공된다고 설명합니다. 실제로 충분한 이익인지 아닌지에 대한 판단은 주관적입니다. 상대방이 이익이 된다고 생각하면 이익이 되는 것입니다. 그래서 성공하는 거래의 핵심은 상대방에게 이익이 된다는 점을 이해시키는 것입니다.

거래에 동의하는 이유는 본인에게 이익이기 때문입니다

글쓴이의 사례를 소개합니다. 비무장지대에 군사 시설이 있었습니다. 임무 수행을 위해서는 매우 중요한 시설이었습니다. 그런데 자연재해로 시설이 훼손되어 보수 공사가 필요했습니다. 지역 관광 활성화와 연계되면서 관공서가 보수 공사를 주관하게 되었습니다. 그러나 안타깝게도 공사 중에 사고가 발생하여 인부가 사망했습니다. 관공서는 경찰 조사와 유족의 항의를 받게 되었습니다. 결국, 공사는 중단되었습니다. 부대는 관공서의 어려운 사정을 이해했지만, 안전한 작전을 위해서는 보수 공사가 꼭 필요했습니다. 관공서에 공사 재개를 요청했지만, 어렵다는 답변만 돌아왔습니다. 관공서로서는 당연한 선택입니다. 경찰 조사와 유족의 항의에 대응하기도 어려운 상황에 부대의 임무 수행은 관공서의 이익 대상이 아닙니다.

그래서 부탁 대신에 보수 공사가 관공서에 이익이 된다는 사실을 설명했습니다. 협의하는 내내 관공서에 공사 재개를 부탁하지 않았습니다. 대신 보수 공사가 종료되면 관공서에도 많은 이익이 될 수 있다고 설득했습니다. 실제로 보수 공사 시설은 비무장지대 관광 프로그램과 연계되어 있었습니다. 따라서, 보수 공사가 종료되면 접경지역 관광 활성화에 큰 도움이 될 것이라고 강조했습니다. 관공서에서도 이익이 될 수 있다는 사실을 이해하자 공사는 즉시 재개되었습니다. 상대에게 사정하는 대신에 이익이 될 수 있다는 점에 집중한 결과입니다.

추가 사례를 들어보겠습니다. 공공기관들은 1년 예산을 미리 편성하지만, 예상하지 못한 긴급 예산은 상급 기관에 요청합니다. 부대도 매년 상급 부대에 추가 예산을 요청하지만, 요청하는 부대가 많아 늘 요청한 금액만큼 확보하지 못합니다. 많은 예산 확보를 위해 예산 관계자와 상급 부대를 설득할 논리를 고민했습니다. 실무자의 논리는 '부대의 어려움을 구체적으로 설명하겠다.'라는 요지였습니다. 상급 부대의 도움이 없으면 정상적인 임무 수행이 어렵다는 결론이었습니다.

다시 말하지만, 거래는 상대에게 이익이 있어야 성사됩니다. 부대 어려움을 구체적으로 설명해도 상급 부대에 도움이 되지 않으면 상급 부대는 예산을 할당하지 않습니다. 그래서 우리의 어려움 대신 추가 예산이 상급 부대에 이익이 될 수 있는 논리를 찾는 방법으로 변경했습니다. 국가, 국방 또는 육군 정책 이행에 사용되는 예산이면 가장 좋은 논리입니다. 상급 부대가 원하는 정책에 추가 예산이 사용된다면 상급 부대는 기꺼이 예산을 할당합니다. 며칠 동안 다시 논리를 준비했고 상급 부대에 어떤 이익이 될 것인지 설명했습니다. 그 결과 부대는 인접 부대 대비 많은 예산을 확보할 수 있었습니다.

사람은 타인의 관심을 기대합니다

데일 카네기는 그의 명저 『인간관계론』에서 "다른 사람에게 관심이 없는 사람이야말로 인생에서 가장 큰 어려움을 겪고, 다른 사람들에게 가장 큰 상처를 주는 사람이다. 인간이 겪는 모든 실패는 이런 유형의 사람들로부터 발생한다."라고 했습니다. 데일 카네기의 통찰력이 아니더라도 상대에게 관심을 가져야 하는 이유는 상대의 중요 이익을 알기 위해서입니다. 타인에게 관심을 두지 않는 동료에게 그 이유를 질문하면 첫째, 필요성을 모르고 둘째, 업무에 집중할 시간도 부족해서 타인에게 관심 둘 시간이 없다고 합니다. 앞서 설명했듯이 사람은 일만 열심히 하면 상사나 동료가 알아줄 것으로 오해합니다. 그렇지만 일만 하면 직장에서 잊힙니다. 직장에서 우리에게 이익을 제공하는 사람은 상사와 동료입니다. 우리에게 이익을 주는 상사와 동료가 우리의 관심을 원하고 있습니다.

심리학에 '스포트라이트 효과'라는 이론이 있습니다. 사람은 어떤 공간에 들어가면 그 안의 사람이 자신을 쳐다보는 것으로 생각합니다. 마치 무대에 올라서면 스포트라이트를 받는 것처럼 새로운 장소에 입장하면 사람들이 그 순간 자신을 바라본다고 생각하는 것입니다. 이 효과는 미국 코넬 대학교 사회심리학 교수 토마스 길로비치 박사가 발견했습니다. 그는 한 명의 대상자에게 삼류 가수의 장난스러운 얼굴이 그려진 티셔츠를 입게 하고 대학생이 있는 실험실에 들어가게 했습니다. 그리고 실험실 대학생들에게 티셔츠에 새겨진 얼굴을 보았는지 질문했습니다. 동시에 티셔츠를 입은 대상자에게도 실험실 대학생이 티셔츠를 보았을 비율을 질문했습니다. 티셔츠를 입은 대상자는 실험실의 50% 대학생이 티셔츠에 새겨진 얼굴을 보았을 것으로 대답했습니다. 그러나, 실험실에 있던 10%의 대학생만이 티셔츠를 보았다고 답변했습니다. 이 실험에서 알 수 있듯이 현실의 사람은 타인에게 관심이 없습니다. 하지만 당사자는 타인으로부터 관심받고 있다고 믿습니다. 즉, 사람은 타인으로부터 관심을 희망하고 있습니다. 직장에서 상대에 관한 관심은 선택이 아니라 필수입니다. 나에게 이익 주는 사람이 관심을 원하고 있다면 당연히 관심을 주어야 합니다.

관찰은 상대방의 이익을 알게 합니다

이익을 주는 사람이 관심을 원하므로 우리는 관심을 가져야 합니다. 그러나 직장인은 항상 바쁘고 분주합니다. 개인이 한가롭게 타인에게 관심 두는 시간을 허락하지 않습니다. 업무가 미숙하면 미숙해서 바쁘고 일이 익숙해지면 직장에서 업무를 추가로 할당합니다. 그래서 직장인은 상사나 동료에게 관심 가질 시간이 충분하지 않습니다. 그래서 관찰에는 요령이 필요합니다. 특정 시간을 할애하기보다 업무 시간, 쉬는 시간, 식사 시간 등 기회가 있을 때마다 상대방을 관찰하면 좋습니다. 특정인을 따라다니며 상대방에게 불안감이나 공포심을 주는 스토킹과는 다릅니다. 관찰은 평소에 상대방을 주의 깊게 살펴보는 것입니다. 시간이 지날수록 많은 데이터를 축적하게 되고, 결국 상대방의 이익을 알 수 있습니다. 글로벌 컨설팅 회사의 최고 크리에이티브 디렉터인 얀 칩체이스 등 2명은 『관찰의 힘Hidden in Plain Sight』이라는 책에서 "관찰은 인류의 획기적인 변화를 가능하게 하였다."라고 강조합니다. 저자는 사람들이 일상의 사소한 일에서 통찰력을 찾아야 하는데, 그 통찰력은 관찰을 통해서만 찾을 수 있다고 하였습니다. 이외에도 관찰의 중요성에 관한 책과 영상은 한 번의 검색으로도 쉽게 찾을 수 있습니다. 상대가 좋아하는 이익을 알게 하는 관찰을 오늘부터 시작해 보기 바랍니다.

02

까칠한 상사에게
인정받기

상사는
가장 중요한 VIP 고객

상사는 직장에서 직원에게 영향력이 가장 큰 사람입니다. 상사는 직원의 최상위 VIP 고객입니다. 직원은 상사에게 무조건 잘 보여야 합니다. 이유는 직원의 승진 여부를 상사가 결정하기 때문입니다. 승진 평가 항목은 상사 점수, 업무 역량, 대인관계, 조직에 대한 헌신 등 다양하지만, 상사 점수가 가장 중요합니다. 일반적으로 상사 점수 외 다른 항목에서는 큰 점수 차이가 발생하지 않습니다. 직장 동료들이 모두 인정할 만한 큰 성과가 있거나 직장에 소문난 저열한 인성이 아니라면 상사 점수를 넘을 수 있는 평가 항목은 없습니다.

2023년 경찰 승진 인사와 관련하여 청탁 및 로비에 대한 수사 내용이 보도되었습니다.[09] 승진 대상자가 브로커에게 승진 청탁을 부탁하면서 수천만 원을 전달했다는 내용입니다. 브로커는 대통령실 고위 관계자로 속이고 승진 대상자의 상사에게 청탁했습니다. 브로커까지 등장하는 이유는 승진에 상사가 결정적인 영향을 미치기 때문입니다.

공무원을 대상으로 한 연구 결과에서도 상사 평가의 중요성을 알 수 있습니다.[10] 서울시와 경기도 공무원을 대상으로 승진에 미치는 요인에 관한 연구 결과를 살펴보면, 공무원은 업무 능력이 승진에 가장 중요한 요인이라고 생각하지 않았습니다. 반면에 단체장의 판단 등 평판 위주의 요인들이 지나치게 영향을 미치고 있다고 하였습니다.

부하에게 상사가 중요한 이유는 단순히 상사의 평가 때문만은 아닙니다. 상사의 성공은 부하의 성공과 직접적인 관련이 있습니다. 피터 드러커는 『성과를 향한 도전』이라는 저서에서 "부하는 상사가 성공할 수 있도록 상사를 관리해야 한다."고 했습

---

09 국민일보, 승진 못 하면 끝… 경찰 줄 잇는 인사 청탁, 다 이유가 있다, 2023.11.30.
10 지방행정연구 제26권 제4호(통권 91호), 한국 지방공무원의 승진 영향 요인에 대한 인식 비교, 2012.12.27.

니다. 영화처럼 유능한 부하가 능력 없고 이기적인 상사를 누르고 승리하는 이야기는 현실에서 발생할 수 없다고 합니다. 상사가 승진하지 못하면 부하 또한 그 상사와 같은 처지에 놓이게 됩니다. 결국, 상사와 부하는 성공이라는 목적지를 향해 같은 배를 타고 있는 처지입니다. 그래서 부하는 자신을 위해 상사를 도와야 합니다.

상사가 성공하면 직원도 승진합니다

상사에게 신뢰받았다면 직장에서 꽃길을 걷겠지만, 그것만으로는 부족합니다. 상사가 업무 성과를 내야 부하가 승진합니다. 피터 드러커는 상사의 성공이 부하의 성공을 앞당기는 중요한 요소라고 강조합니다. 부하는 상사의 성공을 위해 상사의 강점이 극대화되도록 도와야 한다고 했습니다. "상사가 무엇을 잘할 수 있는가?", "상사가 무엇을 잘해 왔는가?", "상사가 성과를 올리기 위해서는 무엇을 해주어야 하는가?" 등을 늘 고민해야 합니다. 상사의 강점이 성과로 이어질 때 부하는 상사에게 인정받게 되며 부하도 성과를 올리게 되는 것입니다.

현실의 직장인도 같은 생각을 하고 있습니다. 직장인 1,089명을 대상으로 설문조사를 한 결과, 62.6% 직장인은 '상사의 역량에 따라 승진이 빨리 될 수도 있다.'라고 답변했습니다. 반대로, '자신의 역량이 더 중요하다.'라고 답한 직장인은 18.7%에 불과했습니다.[11] 상사와 부하는 같은 배를 탄 사람들입니다. 특히 상사는 배를 태워주는 검표원이면서 배를 목적지에 빠르게 도달하게 하는 항해사의 역할도 합니다. 그래서 상사는 부하에게 VIP입니다.

부하가 상사의 약점을 노출하면 둘 다 실패합니다

주의할 점이 있습니다. 똑똑한 부하일수록 상사의 약점을 드러내는 실수를 한다는 것입니다. 열정과 의욕이 앞선 똑똑한 부하는 상사의 문제점을 지적하며 가르치려고 합니다. 이것은 상사를 위축시키게 되며, 상사의 발전과 성장을 방해하게 됩니다. 부하는 상사의 약점을 고칠 수 없고, 고치려고 해서도 안 됩니다. 대신 상사의 버릇이나 습관처럼 보이는 상사의 업무처리 방식을 잘 알아서 상사가 효율적으로 업무를 하도록 도와야 합니다. 예를 들면 인간은 정보를 습득하는 데 말이나 글 중 선호하는 방법이 있다고 합니다. 부하는 상사가 선호하는 방법을 선택해야만 시간이 절약되고 업무 효율을 높일 수 있습니다.

---

11 에듀진, 직장인 10명 중 6명, 상사의 역량에 따라 승진 더 빨리 될 수 있다, 2015.1.14.

부하가 상사의 마음을 알아야 하는 이유는 직장에서 생존하기 위함입니다. 한비자는 《세난說難》 '설득의 어려움' 편에서 뛰어난 인재도 군주의 마음을 알지 못하면 죽임을 당한다고 했습니다.

신하가 학식과 언변이 부족해서 군주에게 죽임을 당하는 것이 아니다. 신하가 죽임을 당하는 이유는 군주의 마음을 헤아리지 못해서이다. 군주가 명예를 좋아하는데 신하가 실리적 방안을 제시하면 속물이 된다. 군주가 실리를 좋아하는데 명분을 고집하면 세상물정을 모른다고 쫓겨난다. 군주의 신뢰를 받지 못하는 신하가 군주의 속마음을 알아채거나, 뛰어난 계책을 제시하면 위험한 놈이라고 죽인다.

그래서 신하는 먼저 신뢰받은 후 능력을 보여야 한다. 신뢰를 받기 위해서는 군주의 성공을 칭송하고, 실패를 언급하지 않으며, 자랑스러워하는 일은 칭찬하고, 부끄러워하는 일은 지적하지 않아야 한다. 함부로 군주의 업무에 관여하지 않으며, 심기를 거슬리는 내용은 우회적으로 표현하여 감정을 자극하지 않도록 조심해야 한다. 이런 과정을 통해 신뢰받으면 그때 마음속의 계책과 말을 해도 된다.

글쓴이는 10년 전에 이 글을 처음 읽었습니다. 그때는 한비자의 말을 체감하지 못했습니다. 직장생활 30년이 지나자, 진심으로 고개를 끄덕이게 합니다. 뛰어난 인재조차도 상사의 마음을 알아야 신뢰를 받습니다. 평범한 사람은 그보다 더 노력해야 할 것입니다. 10년 전으로 돌아갈 수 있다면 지금의 기억을 가져가고 싶습니다.

열심히 일한 사람이
사라지는 이유

열심히 일만 하면 직장에서 잊힙니다

열심히 일했지만, 직장에서 그 사실을 알지 못해 승진하지 못하고 조용히 직장을 떠나는 사람이 있습니다. 누구보다도 열심히 일하고 성과도 냈지만, 정작 승진은 다른 사람이 하게 됩니다. 억울하고 공정하지 않다고 생각하겠지만, 이유가 있습니다. 원인은 일만 했기 때문입니다. 일만 하는 사람은 상사의 관심 사항을 소홀히 하는 경우가 많습니다.

사람은 세상에서 본인의 일이 제일 소중합니다. 본인에게 아무리 하찮은 물건이라도 타인의 소중한 보물보다 중요합니다. 상사에게는 부하의 결혼기념일 선물 고민보다 점심 메뉴로 무엇을 먹을지가 중요합니다. 부하에게 승진은 인생의 성패를 결정짓는 중요한 일이지만, 상사는 주말 동아리 활동이 더 신경 쓰이는 일입니다. 그런데 부하는 자신이 직장을 위해 노력한 열정과 성과를 상사가 알 것이라고 착각합니다. 하지만, 현실은 조용히 일만 하는 직원에게는 더 많은 일을 줄 뿐입니다.

글쓴이의 경험을 소개하겠습니다. 글쓴이는 영관장교 시절 다른 누구보다도 열심히 근무했다고 생각했을 때, 진급 심사에서 떨어진 경험이 있습니다. 당시 영혼을 갈아서 일했다고 할 만큼 업무만 했습니다. 과로가 계속되자 건강은 급속히 악화하였습니다. 원형 탈모, 시력 저하(1.2→0.5), 비염, 이갈이, 목 및 허리 디스크, 피부염, 고혈압, 치질까지 온몸에 질병을 달고 살았습니다. 주중, 주말, 밤낮으로 일만 했기에 주변 지인과 연락도 소홀해졌습니다. 건강과 인간관계가 악화하였지만, 성과와 보람이 있어서 위안으로 삼았습니다. 글쓴이는 진급 시기가 되자 마음속으로 진급을 기대했지만 탈락하였습니다. 그 충격으로 오랜 기간 우울한 시간을 보냈습니다. 늦은 밤 갑자기 잠에서 깨어 멍하니 앉아 있는 시간이 늘었습니다. 몇 개월의 시간이 흘러 정신을 차리게 되자 진급에 떨어진 이유가 궁금해졌습니다. 그때부터 온종일 그 이유만을 고민했지만, 이유를 찾지 못했습니다. 그래서 동서양 고전과 철학서를 읽기 시작했습니다.

수십 권을 읽었지만, 여전히 해답을 찾지 못했습니다. 또 몇 개월의 시간이 흘렀던 어느 날 우연히 지인의 위로에서 답을 찾았습니다. 지인은 진급에 떨어진 후에도 일만 하는 제가 답답했는지 이렇게 충고했습니다.

> "상급자는 일 잘하는 직원에게는 일을 주고, 인간적으로 좋아하는 직원은 진급시킨다네. 그러니 너무 일만 하지 말고 이쁨받는 직원이 되게나."

얽히고설킨 실타래를 오랫동안 풀지 못했다가 갑자기 풀린 느낌이었습니다. 눈앞의 컴컴한 안개가 걷히는 듯했습니다. 종교인이 깨달음을 얻었다면 이런 기분일 거라는 생각까지 들었습니다.

글쓴이가 한 착각을 심리학적 용어로 '티아라 효과Tiara Syndrome'라고 합니다. '티아라'는 보석으로 장식된 반원 형태의 머리에 쓰는 관을 말합니다. 티아라 효과에 대해 컨설팅 회사 '니고시에이팅 위민'의 캐롤 프롤링거 대표는 이렇게 설명합니

다.[12]

"열심히 일하는 것도 중요하지만 남들이 이를 알아주기를 기다리기만 하면 안 됩니다. 남들이 알아주기를 그저 기다리는 태도를 '티아라 효과'라고 합니다. 사람들은 열심히 일해서 좋은 성과를 내면, 직장에서 알아보고 머리에 티아라를 씌워줄 것으로 생각하지만, 그런 일은 일어나지 않습니다."

프롤링거는 일만 잘하는 사람의 근본적인 문제는 주변 사람의 눈에 띄지 않는 것이라고 합니다. 그래서 승진 심사 시기에 직장은 그들을 기억하지 못해 잊힌다는 것입니다. 프롤링거는 열심히 일한 만큼 상사에게 자신의 성과를 주기적으로 알려야 한다고 합니다. 그리고 1년에 한 번 있는 인사고과 시기를 기다리지 말고 대화나 이메일을 통해 자신의 성과를 수시로 소개하라고 충고했습니다.

난 어떤 유형의 직원인가

본인이 어떤 유형인지 인식하는 것은 신입사원이 먼저 해야 할 일입니다. 아래 선택지에서 본인이 어떤 유형의 직원인지 확인해 보시기 바랍니다.

---

12 BBC뉴스코리아, 열심히 일한다고 다 성공할 수 없는 이유, 2021.11.21.

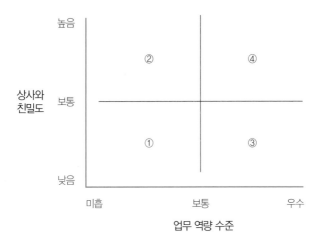

① 일이 서툴고, 상사도 불편해하는 직원

② 일은 서툴지만, 상사가 좋아하는 직원

③ 일을 잘하지만, 상사가 불편해하는 직원

④ 일도 잘하고, 상사가 좋아하는 직원

업무 역량과 상사 친밀도에 따른 직원 유형

본인이 일을 잘하고 상사도 좋아하는 유형이 아니라서 실망하지 않아도 됩니다. 신입사원이라면 오히려 다행입니다. 앞으로 변화할 시간이 충분하기 때문입니다. 직장생활을 오래 한 분들도 걱정할 필요 없습니다. 지금이 미래 승진을 위한 최적의 타이밍입니다. 그동안 직장에서 습득한 전문성과 경험에 더해 본인의 유형을 인식하게 되면 승진 확률이 올라갈 것입니다. 중요한 점은 본인이 어떤 유형인지 인식하는 것입니다. 본인의 위치를 인식하는 것은 변화를 위해 꼭 필요한 일입니다. 내 위치가 어딘지 모르면 지도가 있어도 어디로 가야 하는지 알 수 없기 때문입니다.

업무의 기본은
보고

보고는 신뢰의 출발점입니다

직장인이라면 상사에게 매일 업무를 보고합니다. 자주 하다 보니 단순하고 쉬운 업무라고 생각할 수 있는데, 직장에서 가장 중요한 업무입니다. 직장인에게 능숙한 보고 요령은 운동선수의 뛰어난 체력과 같습니다. 체력이 좋은 선수는 몸 상태가 좋지 않아도 경기 결과의 변동이 적습니다. 마찬가지로 보고를 효과적으로 하는 직장인은 업무 결과가 기대에 미치지 못하더라도 직장에서 좋은 평가를 받습니다.

보고는 단순히 메시지를 전달하는 수단이 아닙니다. 보고는 다양한 기능이 있으며, 시기도 적합해야 효과가 배가 됩니다.

보고 순서도 지켜야 하고, 보고 수단도 상황에 맞게 선정해야 합니다. 까칠한 상사에게 인정받는 가장 효과적인 방법은 보고를 잘하는 것입니다. 경험을 통해 습득한 능숙한 보고 방법과 조심해야 하는 보고 및 고수의 보고 방법을 알려드리겠습니다.

보고의 기능

보고의 기능은 크게 세 가지입니다. 먼저 본인의 업무 경과와 성과를 알리는 기능입니다. 기본적인 기능임에도 대부분 소홀하게 생각합니다. 아무리 성과 있는 일을 했더라도 상사가 알지 못하면 의미가 없습니다. 선행을 모르게 하는 분이 많지만, 직장에서는 본인의 성과를 상사에게 알려야 합니다. 두 번째 기능은 책임회피 기능입니다. 어떤 일이든 상급자에게 보고하면 부하는 책임지는 대상에서 제외됩니다. 보고하지 않았다면 부하의 책임이지만, 보고하면 책임이 상사에게 전가된다는 의미입니다. 마지막으로 정보 획득입니다. 보고에 능숙한 사람은 보고하면서 상사의 생각을 파악합니다. 업무는 늘 변동이 있으므로 수시로 상사의 생각을 알아야 합니다. 하지만, 그것 때문에 바쁜 상사를 번거롭게 하면 눈총을 받기 때문에 보고와 동시에 상사의 생각을 자연스럽게 질문해야 합니다.

보고의 시기

상사가 묻기 전에 보고할 수 있다면 최적의 타이밍입니다. 똑같은 내용의 보고도 상사가 묻기 전에 보고하면 상사로부터 칭찬받을 수 있습니다. 마치 목마른 사람에게 미리 물을 가져다주는 것과 같습니다. 반대로 상사가 먼저 질문한다면 이는 일상적이고 평범한 일처럼 생각됩니다. 그렇다고 보고자가 본인 편한 시간에 무턱대고 보고하는 것도 좋은 방법이 아닙니다. 보고자는 보고 전에 상사의 여건을 살펴야 합니다. 상사가 다른 일로 분주한데 눈치 없이 일상적인 내용을 보고하는 것은 지혜로운 방법이 아닙니다. 특히 상사의 심기가 불편할 때는 더욱 신중해야 합니다. 같은 보고라도 상사가 기분 좋은 순간에 보고한다면 효과는 배가 됩니다.

보고의 순서와 고려 사항

보고는 기본적으로 최초, 중간, 종결 보고 3단계로 진행됩니다. 3단계라는 의미가 꼭 3번을 보고해야 한다는 뜻은 아닙니다. 최초 보고 이후 중간보고는 업무의 진행 경과를 고려하여 여러 번 진행할 수도 있습니다. 예를 들어 상사가 관심을 많이 두거나 계획 대비 변동성이 많은 업무라면 수시로 보고하는 것이 좋습니다. 보고는 구두로만 하는 것이 아닙니다. 보고는 전화, 문자, 문서, 대면 등 다양한 수단에 의해 이루어집니다. 다양한 수단에서 무엇을 선택할지는 아래와 같은 조건을 고려해야합니다.

긴급성 보고의 정확성보다 시간이 더 중요한 경우에는 확인된 내용만 전화나 구두로 신속히 보고해야 합니다. 주의할 점은 시간이 촉박하다 보니 확인된 정보가 부족합니다. 그래서 상사의 추가적인 질문에 올바른 답변이 어렵습니다. 만약 상사의 지적이 두려워 거짓 답변한다면 잘못된 보고로 인해 향후 논란의 원인이 됩니다. 그래서 고민하지 말고 '현재까지 확인된 내용이 여기까지이며 신속히 확인하여 추가 보고하겠다.'라는 식으로 보고를 마무리해야 합니다.

중요성 상사가 반드시 기억해야 하거나 상사의 결심이 필요한 사항이면 문서를 통해 대면으로 보고해야 합니다.

난이도 내용이 어려워 직접 설명해야 한다면 문서를 이용한 대면 보고가 좋고, 내용이 단순하다면 구두, 전화, 문자 보고 중 상사가 선호하는 수단을 선택하면 됩니다.

비밀성 업무 관련자 외에 보고 내용을 다른 사람이 알면 안 될 때는 반드시 대면 보고해야 합니다.

보고분량 보고할 내용이 많다면 대면 또는 비대면 구분 없이 문서를 통해 보고하는 편이 좋습니다. 많은 내용을 전화나 문자로 보고하면 보고자도 힘들고 상사도 이해하기 어렵습니다. 또한, 보고가 비효율적인 방법으로 장시간 진행되기 때문에 상사가 짜증을 낼 가능성이 있습니다.

상사의 시간 상사가 분주하다면 될 수 있는 대로 비대면 보고가 좋습니다. 바쁜 상사에게 직접 보고하려면 그에 걸맞은 의미 있는 내용이어야 합니다. 보고하는 과정이 상사에게 눈도장 찍는 것으로 인식되어서는 안 됩니다. 상사가 바쁘다면 식사 시간이나 회의 후 사무실로 복귀할 때 등 자투리 시간을 활용하면 좋습니다.

상사의 성향 상사가 대면 보고보다 비대면 보고를 선호한다면 문자, 전화가 좋습니다.

잘못된 보고

상사에게 보고하기 부담스럽거나 보고자의 욕심 때문에 잘못된 보고를 할 경우가 있습니다. 절대 피해야 할 보고는 아래와 같습니다.

설익은 보고 내용이 검증되지 않았음에도 욕심 때문에 성급하게 진행한 보고입니다. 설익은 보고는 상사가 궁금해하거나 보고자의 칭찬받을 욕심 때문에 발생합니다. 설익은 보고의 치명적인 문제점은 검증하지 않았기 때문에 오류가 있습니다. 오류가 확인되면 보고자는 반드시 정정보고해야 합니다. 글쓴이가 경험해 보니 보고자는 정정보고를 고민합니다. 칭찬 욕심에 섣부르게 보고했는데 검증하지 못한 무능력자로 인식될까 두렵습니다. 만약 두려움 때문에 정정하지 않으면 보고자는 허위보고라는 더 큰 위기에 봉착합니다. 설익은 보고는 직장생활에 서투른 신입사원에게 빈번하게 발생합니다.

추측성보고 상사의 질문에 답을 알지 못해 추측해서 답변하는 보고입니다. 직장에서 매일 발생할 정도로 대수롭지 않게 생각합니다. 보고자는 나중에 실수를 알았더라도 모른 척 지나가려 합니다. 하지만 보고 횟수가 누적되면 신뢰하지 못하는 직원으로 낙인되는 치명적인 실수입니다. 신입사원일수록 정정보고에 대한 부담감이 커서 더 모른 척 지나가려 합니다. 상사의 질문에 답변이 어려운 경우 보고자에게는 두 가지 선택이 있습니다. 첫째, 솔직하게 "확인해서 보고하겠습니다."라고 답변합니다. 둘째, 임의로 추측해 답변합니다. 신입사원일수록 후자를 선택할 가능성이 큽니다. 후자를 선택하는 이유는 실무자는 모르는 내용이 없어야 한다는 강박관념과 상사의 지적이 두렵기 때문입니다. 물론 정답은 "확인해서 보고하겠습니다."라는 답변입니다. 갑작스러운 질문에 당황하여 추측성 보고를 했다면 최단 시간 내 정정보고해야 합니다. 추측성 보고는 보통 몇 시간 이내에 밝혀집니다. 혹시 운이 좋아 몇 주가 소요되더라도 결국 밝혀집니다. 본인이 직접 정정하지 못하고 타인에 의해 사실이 밝혀지면 보고자는 더 큰 곤경에 처하게 됩니다.

지연보고 보고자는 이미 내용을 알고 있었으나 여러 가지 이유로 보고 타이밍을 놓친 경우입니다. 지연 보고가 발생하는 원인은 보고자의 부주의 또는 변화된 업무 환경을 알지 못했기 때문입니다. 다시 말하면 보고자가 인지한 시점에서는 긴급하지 않은 내용이었지만 돌발 상황이 발생하여 그 사안이 긴급성을 갖게 된 경우입니다. 예를 들면 상사만 참석하는 고위급 회의 내용을 실무자는 알 수 없으므로 상사와 정보의 격차가 발생합니다. 따라서 보고자가 판단하는 보고 타이밍이 상사가 필요한 시기보다 지연될 수 있습니다. 보고 타이밍을 판단하기 어려운 상황이면 미리 보고해야 합니다.

허위 보고 반드시 피해야 할 최악의 보고입니다. 허위 보고는 범죄 행위라고 생각해야 합니다. 허위 보고로 결론이 나면 훈계로 끝나지 않고 사안에 따라 징계 등의 처벌을 받을 수 있습니다. 허위 보고가 발생하는 이유는 단순한 실수, 사적인 이익 추구, 상사의 비난 회피 목적 등의 이유가 있습니다. 그중에 상사에게 사실대로 보고하면 비난이 두려워 허위 보고하는 사례가 많습니다. 무슨 이유든 허위 보고를 했다면 최단 시간에 정정 보고를 해야 합니다. 허위 보고가 누적된 사람과는 누구도 같이 근무하려 하지 않습니다. 일단 허위 보고자로 낙인되면 어떤 노력에도 낙인을 지울 수 없습니다.

'어찌하오리까' 보고 '어찌하오리까' 보고는 신입사원에게 자주 목격됩니다. 신입사원은 업무에 대한 전문성과 경험이 부족하므로 문제해결에 서투릅니다. 그래서 고민 없이 상사나 동료에게 "어떻게 해야 할까요?"라고 질문할 때가 많습니다. 신입사원으로서는 당연해 보이지만 이런 상황이 빈번하게 발생하면 상사도 짜증을 냅니다. 상사는 실무자의 조치가 어설프더라도 먼저 고민하기를 기대합니다. 실무자의 아이디어가 업무에 채택될 가능성은 낮지만, 노력만큼은 상사의 '인정'으로 돌아옵니다.

고수의 보고 비법

고수들은 업무 경과를 전달하는 단순한 수단으로만 보고를 활용하지 않습니다. 고수는 업무를 전달하면서도 상사의 의도를 알려고 노력합니다. 고수의 요령은 간단합니다. 보고할 때 "제 생각은 이런데, 이런저런 제한점이 있습니다."라고 하면 상사는 자연스럽게 본인의 생각을 이야기합니다. 보고자가 상사의 생각을 완벽히 이해하지 못했거나, 상사의 결정이 필요한 내용이 있다면 반드시 꼼꼼하게 물어서 확인해야 합니다.

다음으로 항상 준비하고 보고를 진행합니다. 무슨 내용을 어떤 순서로 보고할 것인지, 상사가 질문할 수 있는 예상 질문은 무엇인지 준비합니다. 특히 부정적 보고는 더욱 신중합니다. 보고하기 불편한 내용은 상사의 기분이 좋거나, 장시간 질문이 제한되는 점심시간의 자투리 시간을 활용합니다.

마지막으로 업무 성과만큼 상사 생각을 구현하려고 노력한 결과를 보고합니다. 업무는 상사의 의도나 변화된 여건 때문에 방향과 속도를 자주 조절해야 합니다. 그럴 때마다 상사의 의도를 구현하려고 노력한 결과를 설명합니다. 업무 결과가 만족스럽지 않더라도 상사의 의도를 구현한 노력이 인정되면 유능한 실무자라고 칭찬받습니다.

상사를 알고 나를 알면
백번 이직해도 위태롭지 않다

병법의 대가(大家) 손자는 "적을 알고 나를 알면 백번 싸워도 위태롭지 않다(知彼知己 百戰不殆)"고 하였습니다. 위태롭지 않다는 의미는 적어도 패배하지 않는다는 의미입니다. 또한 "기상과 지형을 알면 승리가 온전하다(知天知地 勝乃可全)"고 했습니다. 적과 나를 알고 기상과 지형까지 알면 지지 않는다는 의미입니다.

직장에서도 마찬가지입니다. 나와 상사를 알면 백번 이직해도 직장생활이 위태롭지 않습니다(知上知己 百移不殆) 그만큼 상사는 직장에서 중요한 사람입니다. 그래서 실무자는 기본적으로 상사의 업무 스타일, 취미·취향 및 기호, 업무에 관한 의도를 알아야 합니다. 과장되게 말하면 연인이나 가족을 대하듯 상사에게 관심을 가져야 합니다.

업무 스타일

일해본 적이 없는 상사와 근무하게 되면 상사가 선호하는 업무 스타일부터 확인하면 좋습니다. 사람의 업무 스타일은 사람 성격만큼 다양합니다. 먼저, 직장인이라면 누구나 만나고 싶어 하는 합리적인 상사의 스타일입니다. 그들은 업무에 대한 지침을 명확하게 주고, 일할 시간도 보장해 줍니다. 본인도 열심히 일하면서 직원과 소통하기 위해 노력합니다. 직원이 실수하더라도 크게 비난하지 않고, 개선이 필요한 내용만 구체적으로 설명합니다. 다만 합리적인 만큼 직원에 대한 평가가 냉철합니다. 사람이 좋아 보인다고 가볍게 대하거나 업무에 소홀하면 본인도 모르는 사이에 최저 평가를 받게 됩니다. 그래서 이런 유형의 상사에게는 업무 성과로 평가받겠다는 마음으로 일해야 합니다. 업무 중심으로 생각하고 큰 실수가 없도록 신중해야 합니다. 어쨌든 이런 유형의 상사는 드물어서 이런 상사를 만났다면 로또 1등에 당첨된 것처럼 큰 행운을 만난 것입니다.

부하가 정말 피하고 싶은 상사는 자세한 설명 없이 내일 아침까지 보고서를 가져오라는 막무가내 상사입니다. 상급자에게 절대 충성하지만, 부하의 업무 여건은 고려하지 않습니다. 막무가내 상사는 과거보다 그 숫자가 많이 줄었지만, 여전히 직장에서 볼 수 있습니다. 최근에도 직장에서 자주 볼 수 있는 상사는 회의를 좋아하는 회의중독 상사입니다. 그들은 오전, 오후 한 번씩은 꼭 회의를 합니다. 회의만 하면 모든 문제가 해결되는 것으로 생각합니다. 회의 준비와 장시간의 회의 때문에 실무자는 업무 시간이 부족합니다. 그리고 회의 중에 발언은 상사만 합니다. 업무 지시와 부하에 대한 넋두리 같은 지적이 끊임없이 되풀이됩니다. 당면한 개선 사항은 부하의 전문성 부족과 게으름이고, 해결책은 적극적이고 책임감 있는 자세라는 말이 반복됩니다. 막무가내 및 회의중독 상사와 소통할 때는 많은 주의가 필요합니다. 특히 상사가 업무에 관한 지적을 할 때는 어떤 답변을 하더라도 변명으로 간주할 수 있으므로 되도록 답변은 피해야 합니다. 또한 회의 준비 및 참석으로 인해 업무 시간이 부족하지만, 상사는 업무를 매시간 독촉하므로 부지런히 일해야 합니다.

중간 관리자 중에는 꼼꼼한 상사가 많습니다. 보고서를 처음부터 끝까지 검토하고 구체적인 데이터를 요구합니다. 특히 1~2년 동안 과거 사례를 반드시 포함해야 합니다. 처음에는 피곤하지만 적응되면 업무도 많이 배우고 성과도 좋습니다. 하지만 개인 의견이 반영되기 어렵고 보고서 검토에 오랜 시간이 소요되기 때문에 시간이 지날수록 꺼리게 되는 유형입니다. 반대로 큰 틀에서 방향만 제시하고 세부 사항은 위임하는 상사도 있습니다. 편해 보이지만, 실무자는 중요 결정 사항마다 어떻게 해야 할지 곤혹스러울 때가 많습니다. 이때는 혼자서 해결하려고 하기보다 주변 동료의 도움을 받는 편이 좋습니다.

계획적인 업무를 좋아하는 상사는 업무에 대한 전반적인 과정을 먼저 보고받고 진행 과정도 자주 보고받으면 좋아합니다. 즉흥적이고 성격이 급한 상사는 고민 없이 일단 업무 시작을 지시합니다. 상사로부터 지시를 받거나 본인의 아이디어가 떠오르면 수시로 지시하기 때문에 본인도 무엇을 지시했는지 잊어버리기도 합니다. 신중하게 일한다는 이유로 상사의 속도보다 지연되면 핀잔을 듣습니다. 이런 상사를 만나면 야근이 많을 수밖에 없습니다. 또 법과 규정을 중시하는 상사가 있습니다. 이 경우 상사에게 보고하기 전에 관련 법령을 검토하고 법무 관계자 의견을 청취하면 도움이 됩니다. 업무 전문성이 뛰어나고 자존감이 높은 상사에게는 보고 횟수를 줄이고 완성된 내용의 보고서를 가져가는 편이 좋습니다. 이런 유형의 상사는 개인 시간을 중요하게 생각하기 때문에 준비가 부족한 보고나 중요도가 떨어지는 보고를 받으면 시간 낭비로 생각합니다. 따라서 한 번을 보고하더라도 완벽한 보고서를 가져가야 합니다.

취미·취향 및 기호

업무 스타일 다음으로 취미·취향 및 기호가 있습니다. 취미·취향 및 기호는 직장에서 부담 없이 나눌 수 있는 대화 소재입니다. 업무 대화를 10분 넘게 하면 지겹고 불편합니다. 하지만 취미·취향 및 기호는 편하게 대화할 수 있으며 우연히 같은 취미·취향 및 기호를 갖고 있다면 순식간에 유대감이 생깁니다. 대화 간 주의할 점은 서로의 취미·취향 및 기호에 공감하는 것이며, 평소 싫어했던 취미·취향 및 기호더라도 부정적인 의사 표현은 삼가해야 합니다. 예를 들어 낚시는 호불호가 있는 취미입니다. 낚시를 경험하지 않은 사람은 용어도 낯설고, 반려동물을 키우는 사람에게는 동물을 괴롭히는 몹쓸 취미로 보일 수 있습니다. 기호는 더 신중해야 합니다. 보양식은 반려동물을 키우지 않더라도 야만적인 음식으로 생각될 수 있습니다. 하지만, 취미·취향 및 기호는 개인의 선택임을 잊지 말아야 합니다. 법과 상식에서 벗어나지 않는다면 개인의 선택은 존중해야 합니다.

상사의 취미·취향 및 기호까지 알아야 한다고 조언하면 글쓴이를 속물이라 비난하고 그런 행위를 아부로 오해하기도 합니다. 그러나 그것은 아부가 아니라 상사의 이익을 알아야 제공할 수 있다는 의미입니다. 모르면 모른다고 인식해야지 추측하는 것은 위험합니다. 예를 들겠습니다. 실무자는 건강에 좋은 샐러드를 좋아합니다. 그래서 상사도 샐러드를 좋아할 것으로 생각합니다. 어느 날 직장 야유회 때 샐러드를 직접 정성껏 만들어 상사에게 대접합니다. 하지만 상사는 치킨을 좋아합니다. 동료는 상사가 치킨을 좋아한다는 사실을 알고 있습니다. 그래서 야유회에 치킨을 배달시킵니다. 상사가 누구를 칭찬할지는 명확합니다. 상사의 기호를 알고 모르는 간단한 차이가 엄청난 노력과 시간을 절약하고 상사에게 인정받는 직원 여부를 결정합니다. 이익을 거래하는 직장에서 상대의 이익을 알고 있다는 것은 그래서 중요합니다.

상사의 의도

글쓴이의 경험에 의한 인정받는 직원의 행동 순위는 아래와 같습니다.

> **직장에서 인정받는 직원의 행동 순위**
> ① 상사의 의도를 이행하는 직원
> ② 상사가 생각하지 못했던 창의적인 아이디어를 제안하는 직원
> ③ 대화하기 편한 직원
> ④ 지시된 업무를 무난하게 수행하는 직원

동의하기 어려울 수 있지만, 지시된 업무를 무난하게 수행하는 직원은 꼴등입니다. 이유는 간단합니다. 지시된 업무를 무난하게 수행하는 직원은 많지만, 상사의 의도를 이해하고 창의적인 아이디어를 제시하는 직원은 적기 때문입니다. 특히 상사의 의도를 이행하는 실무자는 업무 성과와 관계없이 상사에게 호감을 줍니다. 가족도 상사의 마음을 이해하지 못하는데 직장 실무자가 상사 마음을 헤아려준다면 기특하면서도 대견하게 생각됩니다. 당장 업무 성과가 만족스럽지 않더라도 미래 발전성을 높이 평가하며 신뢰합니다. 특히 승진 시기에는 주변에 적극적으로 홍보하며 챙기게 됩니다. 그래서 실무자는 상사의 의도를 충분히 이해하려고 노력해야 합니다. 실무자라면 2단계 상사의 의도를 알 수 있어야 합니다. 예를 들어 직장의 직급이 사원 → 주임 → 대리 → 과장 → 차장 → 부장 → 이사 → 상무 → 전무 → 부사장 → 사장 순이라고 한다면, 사원의 1단계 상급자는 주임입니다. 직급이 사원이든 상무이든 1~2단계 상급자의 의도는 반드시 알아야 합니다. 2단계 이상 상급자의 의도를 알면 직장생활에 큰 도움이 됩니다. 물론 쉬운 일이 아닙니다. 그래서 경쟁자는 하지 못하는 가치 있고 의미 있는 일입니다. 고위직일수록 상급자 의도 파악은 필수입니다. 예를 들어 임원 같은 고위직이라면 직급과 관계없이 사장의 의도를 반드시 알아야 합니다.

상사의 의도와 지시를 구분할 수 있어야 합니다

　상사의 의도를 구현하거나 지시를 이행하는 일은 1순위 업무입니다. 그래서 평소 상사가 언급한 내용을 잘 기록해 그대로 이행했는데도 오히려 상사로부터 지적받을 때가 있습니다. 상사가 이유를 설명해도 실무자는 이해되지 않습니다. 원인은 상사의 의도와 지시를 구분하지 못했기 때문입니다. 의도와 지시의 사전적 정의를 보면 의도는 '무엇을 하고자 하는 생각'이고, 지시는 '일러서 시킴, 또는 그 내용'입니다. 비슷한 말로 보이지만 실제로는 완전히 다른 개념입니다.

　아래 예문을 보고 상사의 의도와 지시를 구분해 보시기 바랍니다.

> ① 올해 가장 중요한 프로젝트의 시행 여부를 결정해야 하네. 관계자에게 도움이 될 만한 의견을 수집해 보고하게.
> ② 추석을 앞두고 부서원들이 선호하는 선물 목록을 가져오게.

　비슷하지만 ①은 의도가 포함된 지시이고 ②는 단순 지시입니다. 의도는 사전의 정의가 의미하는 것처럼 '무엇을 하고자

하는 생각'입니다. ①의 상사는 프로젝트 시행 여부 결정을 위해 도움이 될 의견이 필요합니다. 핵심 키워드는 도움이 될 만한 의견입니다. 도움이 되지 않는 의견은 가치가 없습니다. 부하가 상사 의도를 정확히 인식했다면 프로젝트 시행 여부에 도움이 되는 의견이 중요합니다. 의도 구현은 단순 지시이행보다는 어려운 업무입니다. 그래서 실무자는 본능적으로 단순 지시로 생각할 때가 많습니다.

실무자가 단순 지시로 생각했다면 도움 여부는 고민할 필요가 없습니다. 의견 수집을 키워드로 생각하면 중요한 변수는 시간입니다. 그래서 프로젝트와 관련된 모든 사람에게 메일을 보냅니다. '상사의 지시에 따라 프로젝트 시행 여부에 대한 의견을 수집합니다. 개인별 1건 이상 의무적으로 최대한 빨리 보내세요.'라고 적습니다. 실무자의 관심은 의견의 질적 수준이 아니라 빨리 수집하는 것입니다. 그래서 독촉하다가 답장이 늦은 사람에게는 짜증도 냅니다. 하루가 지나도 종합이 되지 않자, 상사가 화내었다고 허풍을 칩니다. 의견이 다 종합되자, 실무자는 내용을 복사해서 보고합니다. 그러나 독촉하여 수집된 의견 중에는 도움이 될 만한 아이디어가 없습니다. 상사는 실무자에게 쓸만한 내용이 없다고 툴툴거리다 부서원들에게 화를 냅니다. 상사는 밤새워 고민하는데 부서원들은 관심이 없다고 장시간

잔소리를 합니다. 잔소리가 길어지자, 누군가 '담당자가 시간을 촉박하게 지정해서 고민할 시간이 없었다. 당장 제출하지 않으면 퇴근하지 말라는 상사의 경고도 받았다.'라며 불평합니다. 상사는 무슨 말이냐며 실무자를 노려봅니다. 실무자는 상사의 의도를 단순 지시로 인식했습니다. 그래서 상사의 의도를 구현하지 못했을 뿐만 아니라, 상사의 리더십을 손상했습니다. 부서원들로부터는 상사의 지시를 빙자한 허풍쟁이로 인식됩니다.

만약 의도로 판단했다면 도움이 되는 의견 수집에 고민합니다. 제일 먼저 부서원에게 프로젝트를 설명하는 첨부 문서를 보냅니다. 그리고 프로젝트 시행 여부가 부서에 미치는 영향과 이에 따라 부서원들이 받을 수 있는 손익에 대해 강조합니다. 마지막으로 좋은 의견을 제시한 사람이 받을 수 있는 보상을 첨부합니다. 반대로 ②의 선호하는 선물 목록 종합은 단순 지시입니다. 종합만 하면 되는 업무입니다. 이처럼 의도와 지시의 구분은 업무에 결정적 차이를 가져옵니다. 의도 구현이 어렵다고 지시라고 생각하면 열심히 일하고도 오히려 질책받습니다.

신입사원은 경험과 전문성이 부족합니다. 이것은 약점이지만 장점이 될 수도 있습니다. 신입사원은 '모르는 것이 당연하다.'라는 특권이 있습니다. 그 특혜를 맘껏 활용하여 모르면 귀찮을 정도로 질문해야 합니다. 모르는 것은 잘못이 아니지만, 모르면서 아는척하거나 알려고 하지 않는 것은 잘못입니다. 주의할 점은 상사의 의도를 임의로 추측하는 행위입니다. 임의로 추측하면 업무가 잘못된 방향으로 진행될 가능성이 큽니다. 업무는 일단 시작되면 인력과 시간이 투입됩니다. 잘못된 방향으로 진행되면 인력과 시간이 낭비되므로 아무것도 하지 않는 동료보다 무능력하다는 평을 듣습니다. 충성도와 업무 열정은 높지만, 업무 경험과 전문성이 부족한 신입사원에게 자주 발견됩니다. '상사 생각은 모르겠지만 일단 해보자.'라는 맹목적인 자세를 조심해야 하는 이유입니다.

상사와
소통법

대화는 직장인을 평가하는 중요한 수단입니다

직장인에게 상사와 대화는 승진에 직접 영향을 미치는 일입니다. 상사는 업무 성과만큼 대화로 부하를 평가합니다. 다시 말하면 상사는 대화를 통해 부하에게 제공할 이익을 결정합니다. 실무자가 2단계 이상의 상사와 대화할 기회는 매우 적습니다. 더욱이 상사와 대화는 부하가 결정하는 것이 아니고 상사가 결정하기 때문에 준비되지 않을 때가 많습니다. 그래서 평소에 상사와 대화할 상황을 가정해서 준비해야 합니다.

상사와 대화할 때는 두 가지를 인식하고 시작해야 합니다. 먼저, 상사는 실무자보다 많은 정보를 알고 있다고 생각해야 합니다. 일상적이고 반복적인 업무라면 상사보다 실무자가 더 많이 알고 있습니다. 하지만 상사는 실무자가 접근하지 못하는 회의나 보고서를 통해 새로운 업무 지침이나 변화된 업무 환경에 대해 많은 정보를 알고 있습니다. 따라서 상사가 일상적인 업무에 관해 대화를 시도할 때라도 단순하게 답변하기보다 본인이 모르는 정보가 있다고 생각해야 합니다. 상사가 아무것도 모른다고 단정하고 섣부르게 의견을 제시하거나 대화를 주도해서는 안 됩니다. 상사가 먼저 정보를 제공할 때까지 기다려 보는 것이 좋습니다. 상사는 자신이 알고 있는 정보를 실무자도 알고 있을 것이라 가정하는 경우가 많습니다. 실무자가 정보의 무지를 쉽게 노출하면 유능한 직원으로 평가받지 못합니다.

둘째, 상사가 부하에게 의견을 묻는다면 그것은 부하 개인의 의견을 듣고자 하는 것이 아닙니다. 상사는 전문성과 경험에서 부하보다 우위에 있습니다. 그런 상사가 부하에게 의견을 물을 때는 단순히 개인의 생각을 듣고자 하는 것이 아닙니다. 과거 사례와 업무 규정 등을 이미 검토한 즉시 적용할 수 있는 방안을 요청하는 의도입니다. 갑작스럽게 질문을 받았다고 즉흥적으로 답변하면 안 됩니다. 상사가 상급자에게 재촉받아 시간에 쫓기는 경우 더욱 신중해야 합니다. "그 현안에 대해 해결 방안을 찾으시는군요. 혹시 생각하시는 방안이 있습니까?" 등으로 상사의 질문을 구체화해서 상사의 생각을 듣는 편이 좋습니다. 특히 상사의 질문 의도가 완벽히 이해되지 않는다면 질문을 구체적으로 해석하여 확인 질문을 해야 합니다.

모르는 질문에 아는척하면 후회합니다

가장 주의할 점은 정확한 답을 알지 못하면서 아는척하는 것입니다. 갑작스러운 질문에 즉시 정답을 떠올리기는 어려운 일입니다. 따라서 상사의 질문에 "확인해서 보고하겠다."라고 답변하는 것은 큰 실수가 아닙니다. 추측해서 답변하였으면 즉시 정정해야 합니다. 운이 좋다면 상사가 바빠서 자연스럽게 잊어버릴 수도 있습니다. 하지만 대부분은 뒤늦게라도 잘못된 답변인 것을 알게 됩니다. 후자의 경우, 보고자는 거짓을 보고하고 정정하지 않는 사람으로 인식될 수 있습니다. 앞에서 설명했지만, 이것은 마치 낙인과 같아서 잘 지워지지 않습니다. 부족한 업무 역량에 대한 인식은 회복할 수 있지만, 개인 품성에 대한 인식은 회복하기 어렵습니다. 순간의 위기를 벗어나고 싶은 마음은 이해되지만, 용서받기 어렵습니다. 고위직 상사는 신뢰를 매우 중요시하고 한 번 신뢰를 잃은 직원을 중용하지 않습니다. 고위직 상사에게 신뢰를 잃게 되면 향후 직장생활에서 승진 등과 같은 중요한 순간마다 본인도 모르게 불이익을 받을 수 있습니다.

실수했다면 두려워 말고 사과로 해결해야 합니다

　직장에서 실수는 당연히 발생합니다. 만약에 실수했다는 것을 알게 되었다면 즉시 정정보고를 해야 합니다. 이유는 실수로 인한 문제가 확대되기 전에 막아야 하기 때문입니다. 그 실수로 상사가 곤란한 상황에 부닥치지 않는다면 상사는 보고자의 실수를 대수롭지 않게 넘어갈 수 있습니다. 예를 들어 실무자가 상사에게 잘못된 내용을 보고했습니다. 상사는 잘못된 내용을 사실로 인지하고 본인의 상급자에게 재보고할 생각입니다. 만약 상사가 재보고하기 전에 정정보고를 했다면 상사는 다음부터 실수하지 말라는 수준으로 마무리합니다. 하지만 상사가 본인의 상급자에게 이미 보고했다면 상사는 상급자에게 정정보고를 해야 하는 난처한 상황이 됩니다. 상사는 실무자를 크게 질책하는 것으로 끝나지 않고 정정보고 자체를 실무자에게 위임할 수도 있습니다. 실수로 인한 문제가 걷잡을 수 없이 확대되고 이로 인한 고통은 보고자가 감당해야 합니다. 따라서 실수로 인한 문제가 확대되기 전에 막아야 합니다. 정정보고에 대한 두려움으로 시간을 낭비하면 타이밍을 놓칠 때가 많습니다. 상사 성향에 따라 다르겠지만, 정정보고를 하면 대부분 상사는 가볍게 넘어갑니다. 만약 상사에게 크게 질책받더라도 아랫배에 힘주고 "죄송합니다. 앞으로 잘하겠습니다."라는 대답으로 일관해야 합니다. 어설픈 변명이나 이유를 꺼내는 순간 또 다른 비난의 빌미를 제공하기 때문입니다. 실무자가 '진심으로 반성하며 향후 더욱 노력하겠다.'라는 자세를 유지하면 상사의 비난은 오래가지 않습니다.

상사가 혐오하는 실무자의 1순위 행동

글쓴이가 직장에서 가장 싫어하는 실무자의 행위가 있습니다. 아마 다른 상사도 글쓴이와 같은 의견이라 생각합니다. 그것은 상사의 요청이나 지시를 모른 척하는 모습입니다. 실무자가 모른 척하는 데는 여러 이유가 있겠지만, 상사는 본인을 무시하는 행동으로 생각합니다. 다시 말하면 직장업무라는 공적 영역에서 감정이라는 사적 영역으로 전이됩니다. 무시에 대한 사람의 반응은 분노입니다. 물론 실무자도 상사의 요청이나 지시를 일부러 무시하지 않습니다. 실무자도 어쩔 수 없는 이유가 있습니다. 대표적으로 실무자의 역량을 넘어서는 업무일 때 자주 발생합니다. 솔직하게 보고하고 추가 인원 같은 도움을 요청하면 자존심이 상합니다. 해보지도 않고 거절하면 무능력자로 인식되지 않을까 걱정합니다. 그래서 시간 끄는 나쁜 선택을 합니다.

시간이 지나면 상사가 잊을 것으로 생각합니다. 몇 번 상사에게 지시된 내용의 경과를 질문받아도 대충 둘러댑니다. 그렇게 시간이 지나면 실무자는 상사의 지시를 완전히 잊게 됩니다.

다른 이유는 실무자의 관점으로 볼 때 상사의 요청이나 지시가 중요하지 않거나 불필요하다고 판단했기 때문입니다. 대체로 실무자가 상사의 업무 역량을 낮게 평가할 때 발생합니다. 때때로 실무자의 판단이 타당할 때가 있습니다. 실무자가 동료에게 물으니, 동료도 상사의 지시를 부정적으로 평가합니다. 실무자는 동료의 응원에 힘을 얻어 상사도 스스로 깨닫기를 기대합니다. 그러나 글쓴이가 경험해 보니 실무자의 기대대로 될 확률은 매우 낮습니다. 상사가 재차 확인할 때까지 시간이 걸릴 수 있지만, 대체로 반드시 확인합니다. 오히려 상사의 확인 질문에 실무자가 내용을 기억하지 못할 때가 있습니다. 그럴 때 상사에게 크게 질책받습니다. 그래서 실무자는 상사의 요청이나 지시를 임의로 판단해 모른 척하면 안 됩니다. 혼자서 감당하기 어렵다면 도움을 요청하고 불필요한 업무라고 생각되면 적당한 시기에 의견을 제시해야 합니다.

상사는 언제나 분주합니다. 매일 보고를 받고, 지시하고, 결정을 내려야 합니다. 그래서 때로는 쉽게 지시하고 확인하는 것을 잊기도 합니다. 부하는 그 모습을 보고 상사의 지시를 소홀하게 인식할 수 있습니다. 임의로 중요한 지시가 아니라고 단정합니다. 그런데 상사는 본인이 지시한 내용을 시간이 소요되더라도 절대 잊지 않습니다. 상사의 기억은 거꾸로 돌아갑니다. 뉴스 보다가, 점심을 먹다가, 회의하다가 갑자기 과거 지시한 사항이 떠오릅니다. 그래서 담당 직원에게 지시한 사항에 대한 조치 결과를 물어봅니다. 갑작스러운 질문에 부하는 당황합니다. 지시 사항 자체가 기억나지 않습니다.

상사의 지시를 못 들은 척하는 것은 최악의 선택입니다. 상사를 두 번 화나게 만들기 때문입니다. 지시 사항을 이행하지 않아도 이해할 수 있지만, 기억하지 못하면 상사를 무시하는 것으로 인식될 수 있습니다. 실무자는 대수롭지 않게 생각할 수 있지만, 그 감정의 상처는 오래가고 이후에 아무리 업무를 잘해도 절대 치유되지 않습니다. 그래서 모든 실수에 대한 정답은 솔직하게 사과하고 앞으로 잘하겠다는 답변이 늘 정답입니다.

상사의 지시는 규정과 상식선에서 이행해야 합니다

직장에서 상사에게 인정받는 것을 1순위로 생각하는 사람을 만날 수 있습니다. 그들은 상사로부터 지시받은 일은 물불을 가리지 않고 이행합니다. 그런 열정 때문인지 그들 대부분은 상사에게 인정받고 승진도 잘됩니다. 그런데 가끔은 업무를 망치고 상사에게 크게 질책받을 때가 있습니다. 상사에게 인정받고 싶은 욕심에 업무 규정과 상식을 고려하지 않기 때문입니다. 그런 절대 충성 직장인은 중간 관리자에게 자주 볼 수 있습니다. 그들은 상급자 지시이행에 매몰되어 절차와 규정을 따지는 실무자를 무시합니다. 이런 형태의 업무 이행이 어떻게 상사에게 피해를 주는지 살펴보겠습니다.

상사가 중간 관리자에게 업무를 지시합니다. 상사는 구체적인 방법을 언급하지 않았지만, 신속히 이행할 것을 강조합니다. 열정이 넘치는 중간 관리자는 신속한 이행이 1순위입니다. 실무자에게 목표를 제시하고 매일 재촉합니다. 그러나 목표 완수를 위해서는 기본적으로 상급 및 관계기관 협조, 관련 규정 검토 등이 필요합니다. 그런 이유로 실무자는 시간이 필요하다고 건의하지만, 중간 관리자는 일단 시작하라며 닦달합니다. 처음부터 상식을 벗어나고 있습니다. 실무자는 상급 기관이나 관계기관 실무자로부터 거센 비난을 듣자, 상사의 지시라며 협조를 부탁합니다. 중간 관리자가 재촉하므로 실무자는 야근과 주말에 출근하면서 일합니다. 실무자는 중간 관리자가 요구하는 급행료를 '피, 땀, 노력'으로 지불합니다. 하지만 규정을 벗어난 업무로 인해 발생하는 문제점은 실무자가 감당할 수 있는 영역이 아닙니다. 상급 기관과 관계기관에서 지속해서 문제를 제기합니다. 실무자에게 보고받은 중간 관리자는 문제를 해결하기 위해 다시 상식의 선을 넘습니다. 중간 관리자는 문제를 제기하는 기관에 "어려움을 이해하지만, 상사가 지시했다."라며 둘러댑니다. 결국, 상사가 문제의 출발점이자 책임져야 하는 상황으로 전개됩니다. 앞의 사례처럼 부하의 업무처리 방식이 규정과 상식을 벗어나도 상사는 알지 못할 때가 있습니다. 상사에게는 더 큰 피해입니다. 자신도 모르게 상급 기관과 관계기관으로부터 못된 상사로 소문이 납니다. 만약, 상사가 사실을 알게 된다면 중간 관리자를 어떻게 평가할지는 짐작됩니다. 과도한 열정이 오히려 독이 되는 과정입니다. 글쓴이의 경우 평소 인정했던 부하이더라도 이런 사건이 발생하면 다시 같이 일할지 재고합니다.

글쓴이의 경험입니다. 군기가 세기로 소문난 부대에 근무할 때입니다. 당시 휴대전화 기능이 발전하면서 내장 카메라로 인한 보안 문제가 고민이었습니다. 그런데 관련 참모가 이 문제를 단번에 해결했다고 자랑했습니다. 궁금해서 어떤 방법이었는지 확인하고 놀라지 않을 수 없었습니다. 휴대전화 소유자에게 카메라를 물리적으로 손상하도록 지시했던 것입니다. 당장 중지하라고 전달했으나, 일부는 이미 날카로운 도구로 카메라를 훼손했습니다. 아무도 문제를 제기하지 않아서 다행이었지만, 피해자들이 이의를 제기했을 경우 모두 변상해야 했습니다. 열정과 의욕만 넘치면 안 되는 이유입니다.

다른 사례입니다. 군인들이 거주하는 아파트 단지에 있었던 일입니다. 아파트 내에서 과속하는 차량으로 주민들의 민원이 많았습니다. 특히, 아파트 출입구에 폭이 좁은 내리막길이 있었는데 과속하는 차량으로 민원이 끊이지 않았습니다. 그런데 갑자기 과속방지턱 두 개가 연달아 설치되었습니다. 실무자에게 확인해 보니 '지휘관 지시'라는 답변이 돌아왔습니다. 주민들은 연달아 설치된 과속방지턱 때문에 차량 손상이 우려되자 불만을 제기했습니다. 규정을 찾아보니 국토교통부 도로안전시설 설치 및 관리 지침에 '과속방지턱을 연달아 설치할 때 20cm 이상 간격을 유지해야 한다.'라고 명시되어 있었습니다. 사실 지휘관은 과속을 방지할 수 있는 과속방지턱을 설치하라고 지시했을 뿐입니다. 하지만, 실무자는 규정을 확인하지 않고 과속방지턱을 연달아 설치했던 것입니다. 차량의 속도를 강제적으로 줄일 수 있지만, 규정에 벗어나므로 차량이 손상되면 배상해야 할 상황이었습니다. 실무자에게 규정 확인 여부를 물어보니 지휘관 지시를 이행했을 뿐이라고 합니다. 지휘관이 그런 지시를 하지 않았지만, 불법적인 지시를 한 나쁜 지휘관이 되었고 책임도 져야 하는 상황까지 왔습니다.

실무자가 상사의 지시를 이행하려는 열정은 꼭 필요한 덕목입니다. 그러나 규정과 상식을 벗어나면 그 책임은 온전히 본인에게 돌아갑니다. 상사도 잠시 비난받겠지만 곧 상사의 잘못이 아니라고 해명됩니다. 상사는 자신이 받은 비난의 책임을 관계된 실무자에게 모두 물을 것입니다. 그래서 열정은 올바른 규정 및 상식과 같이 가야 합니다. 지나치게 충성스러운 실무자를 만난다면 업무 이행 방법에 대해 세심하게 지침을 주어야 할 것입니다.

상사의 곤란한 부탁 거절하기

일반적으로 상사나 중요 직위자를 돕게 되면 나에게는 투자 같은 이익입니다. 부탁했던 사람은 빚이라 생각하고 갚으려고 합니다. 그런 인연으로 좋은 관계를 형성할 수 있고 필요할 때 도움을 받을 수 있습니다. 하지만 내 이익을 훼손할 수 있는 부탁은 신중히 결정해야 합니다. 예를 들어 법·규정을 어기는 청탁, 고액의 금전 차용, 과도한 시간과 에너지가 소요되는 업무 같은 요청은 거절해야 합니다.

거절은 요청하는 상대방과 거절하는 당사자 모두를 불편하게 만듭니다. 그래서 현명한 사람은 곤란한 부탁을 하지 않습니다. 우리가 누군가에게 불합리한 요청을 받았다면 그 사람과의 관계를 재평가해야 합니다. 어쨌든 불합리한 요청이라도 거절하기 어려운 상황이 있습니다. 우리의 이익에 영향이 큰 상사나 우리에게 중요한 도움을 주었던 사람이라면 한 번에 거절하기 난처합니다. 그런 도움을 부탁한 상사도 지혜롭지 못하지만, 그 요청을 단번에 거절하는 부하도 지혜롭지 못합니다. 단번에 거절하면 상사는 수치심을 느끼고 실무자에게 분노를 느낄 수 있습니다. 그래서 부탁은 들어줄 때보다 거절할 때 더 신중해야 합니다.

부탁을 거절할 때는 우선 상사의 요청을 세심하게 듣고 메모합니다. 혹시 요청을 잘못 이해했거나 잊어버리면 상사가 무시당했다고 생각합니다. 그러면 관계가 더 소원해지는 최악의 상황이 됩니다. 일단 부탁이 확인되면 최소시간 동안 검토합니다. 부탁을 수용할 수 있다면 문제가 없지만 거절해야 할 상황이면 그 이유를 정리합니다. 이유를 정리할 때 '상사를 위한 거절'이라는 내용이 포함되어야 합니다. 상사를 위한 거절이 모순처럼 보일 수 있지만 반드시 존재합니다. 거절하는 타이밍도 중요합니다. 너무 일찍 연락하면 성의 없어 보이고 너무 늦게 연락하면 관심 없어 보입니다. 거절당한 상사가 대안을 찾을 여유 시간도 배려해야 합니다. 특별한 이벤트가 없다면 대부분 1~2일 후 연락하는 것이 적합합니다. 거절할 때는 먼저 최선을 다했다는 서론, 거절할 수밖에 없는 법적·제도적 이유의 본론, 마지막으로 부탁을 수용했을 때 상대에게 미치는 부정적 영향의 결론 순으로 설명합니다.

예를 들어보겠습니다. 군대생활을 하다 보면 상사나 친분이 있는 사람으로부터 장병에 대한 부탁을 받을 때가 있습니다. 검토해 보니 수용하기 어려운 부탁입니다. 1~2일 후 연락해서 거절의 이유를 아래와 같이 설명합니다.

"(서론) 모든 방법을 검토하고 관계자에게 확인했습니다. (본론) 법적·제도적으로 〇〇〇 문제가 예상됩니다. (결론) 그런데도 조치하면 주변에서 민원이 예상됩니다. 민원이 제기되면 조사가 진행되어 관계자는 물론 장병 본인도 처벌받을 수 있습니다. 상사를 위해서라도 장병에게 불이익이 발생하는 상황을 만들고 싶지 않습니다."

장병에게 불이익이 생긴다는 설명을 들으면 상사도 공감할 것입니다. 오히려 그런 결정에 감사하다고 할 것입니다. 물론 무조건 들어달라는 막무가내식 상사도 있습니다. 그럴 때도 공손하고 차분하지만 일관되게 '상사에게 피해를 줄 수 있어 수용하지 못한다.'라고 대응해야 합니다.

03

경쟁하는 동료에게
칭찬받기

동료는
친구이자 경쟁자

신입 시절 동료는 친한 친구입니다

신입사원 시절에는 동료는 경쟁자가 아니라 친구입니다. 모순적이지만 같이 경쟁할 목표가 없기 때문입니다. 당시 목표는 직장에서의 생존이므로 동료는 어려움을 함께 극복할 친구가 됩니다. 직장이라는 생소한 장소에서 가장 먼저 할 일은 낯선 환경에 적응하는 일입니다. 그래서 본인과 비슷한 사람을 찾습니다. 학연, 지연, 성격, 취미 등을 이유로 단체를 만듭니다. 단체라는 울타리는 낯선 환경에서 개인의 안전을 지켜주는 효과적인 방법입니다. 또한, 신입 시절에는 동료가 많아서 누가 경쟁자가 될지 알 수 없습니다. 경쟁해야 할 경쟁자가 너무 많으면 누가 위협적인 경쟁자인지 알 수 없습니다.

직장의 인적 구조는 대부분 피라미드 구조입니다. 조직이 경직화되고 신속한 의사소통이 어렵다는 문제점이 있지만, 경영진에게 의사 결정권이 있어 직장의 운영과 관리가 효율적으로 이루어집니다. 피라미드 구조에는 계층이 있으며 상위 계층으로 이동하려면 승진해야 합니다. 승진 제도는 제로섬 게임[13]보다 더욱 치열한 싸움입니다. 승진하는 사람보다 승진하지 못하는 사람이 더 많기 때문입니다. 그리고 승진하기 위해서는 오랜 기간 서로 도움을 주고받았던 동료를 이겨야 합니다.

승진은 개인의 소유물이 아니라 가족과 공유하는 트로피입니다

승진을 위한 경쟁에 불편한 마음이 있을 수 있습니다. 승진 때문에 친하게 지냈던 동료를 경쟁자로 생각하면 속물처럼 생각됩니다. 자본주의 사회에 구속된 물욕에 찌든 사람처럼 보입니다. 모두 맞는 말이며, 공감합니다. 다만 승진은 승진 당사자에게만 한정된 결과물이 아닙니다. 승진은 가족, 친척, 친구 등 인연이 있는 모든 사람과 공유하는 트로피입니다.

---

13 게임에 참가한 모든 참가자의 점수를 전부 합산하면 반드시 영(zero, 0)이 되는 게임이다. 누가 얻는 만큼 반드시 누가 잃는 게임을 말한다. 모든 이득은 다른 참가자에게서만 얻을 수 있다.

장군은 장교의 소망입니다. 글쓴이는 하늘의 별이라는 장군의 반열에 올랐다는 명예심과 함께 그동안의 노력을 인정받았다고 느꼈습니다. 그러나 개인의 즐거움은 며칠 지속하지 않았습니다. 하는 일은 진급 후에도 비슷하고 업무 환경도 크게 달라지지 않았습니다. 축하받고 한 달이 지나자 무덤덤해졌습니다. 그러나 부모님과 가족이 행복해하는 모습은 사라지지 않았습니다. 장군 진급 후, 글쓴이가 지금까지 행복한 이유는 부모님, 가족, 친척, 친구들의 즐거워하는 모습 때문이었습니다. 그들이 행복해하는 모습에서 '장군 진급하기를 잘했구나!'라는 생각을 가졌습니다. 그때 승진은 개인의 소유물이 아니라 소중한 사람들과 공유하는 트로피라는 것을 배웠습니다. 승진이 개인의 전유물이 아니라는 느낌은 승진에 떨어지면 더욱 체감합니다. 승진에 떨어지면 당사자는 '운이 없었다', '동료가 더 유능했다' 등의 이유로 스스로 위로합니다. 그런데 당사자보다 가족들이 더 슬퍼하고 안타까워합니다. 당사자의 마음을 다치지 않게 하려고 사소한 언행도 조심합니다. 그런 가족들을 바라보는 당사자는 미안함과 부족함을 넘어 비참함도 느낍니다. 그리고 다짐합니다. '가족을 위해서라도 꼭 승진하겠다!' 그래서 승진 경험이 없는 분들은 승진에 대해 쉽게 평가하지 말아야 합니다. 글쓴이 경험에 따르면 동료를 위해 승진을 포기하는 사람은 없었습니다.

승진이라는 경쟁에서 밀리게 되면 퇴직하거나 하위직에 있어야 합니다. 과장, 부장, 상무 등 고위직으로 갈수록 같이 승진하는 동료는 점점 줄어듭니다. 승진 과정이 진행될수록 강한 경쟁자가 누구인지 구분됩니다. 절친이었던 동료도 경쟁자로 여겨집니다. 경험해 보니 유능한 동료에게 승진을 양보하겠다는 사람은 없었습니다. 경쟁자가 한 자릿수가 되면 누가 경쟁자인지 더욱 분명해집니다. 우리가 동료를 경쟁자로 생각하지 않아도 동료는 우리를 이겨야 할 경쟁자로 이미 생각하고 있습니다.

동료의 변심은
무죄

친한 동료가 우리를 경쟁자로 생각해도 잘못이 아닙니다

직장 동료는 마라톤을 같이 달리는 친구와 같습니다. 입사 초기에는 어려움을 같이하는 든든한 응원군입니다. 낯설고 불안한 직장에서 서로 도와가며 힘든 시간을 버티게 하는 고마운 사람입니다. 가족보다 자주 만나서 식사하고 대화도 많이 합니다. 성격과 취향이 비슷해 궁합이 맞으면 은퇴 후에도 평생 친구로 살아갈 것 같습니다. 그렇게 몇 년이 지나면 많은 동료가 여러 가지 이유로 직장을 떠나게 됩니다. 직장에 남은 동료와는 더욱 각별해지고, 평생 함께하자며 힘내라고 격려합니다.

몇 년의 시간이 지나면 직장의 중간 관리자가 됩니다. 절반 이상의 동료가 직장을 떠납니다. 중간 관리자는 바쁘고 힘들지만, 동료가 있어 외롭지 않습니다. 퇴근 후 술자리를 함께하고 주말에는 운동도 같이합니다. 가족 간에도 서로 왕래하며 친해집니다. 그렇게 시간이 흘러 고위직으로 승진하는 시기가 왔습니다. 마라톤으로 보면 결승 지점이 얼마 남지 않았습니다. 이제 직장에 근무하는 동료는 한 자릿수입니다. 여전히 서로에게 파이팅을 외치며 응원하지만, 속내는 내가 먼저 골인하고 싶습니다. 지금은 완주가 아니라 1등을 위해 겨루는 경쟁 관계가 됩니다. 서로 눈치 보면서 동료보다 먼저 골인할 방법을 고민합니다. 동료와 같이 보내는 시간이 줄고, 대신에 상사 또는 실무자와 보내는 시간이 늘어납니다. 동료의 실수는 내 승진에 도움이 되므로 동료의 실수를 기대하기도 합니다. 동료가 성과를 내면 겉으로는 웃지만, 마음은 불편합니다. 승진 심사가 끝나면 누군가는 승진하고, 남은 사람은 축하해 줍니다. 경험에 비추어 볼 때 승진한 동료에게 진심으로 축하해 줄 수 있다면 성공적인 경쟁 사례입니다.

생존을 위한 경쟁은 자연의 순리이고 경쟁에 이기고 싶은 욕망은 본능입니다. 직장은 모든 참가자가 1등으로 골인하지 못하는 마라톤입니다. 다른 동료보다 앞선 동료가 승진합니다. 그래서 동료를 경쟁자로 생각해도 잘못이 아닙니다. 친한 동료가 우리를 이기려고 노력하는 것도 당연한 일입니다. 상사에게 칭찬 받기는 쉽습니다. 상사는 승진이라는 같은 목적으로 경쟁하지 않기 때문입니다. 반면에 경쟁 관계인 동료에게 칭찬받기는 어려운 일입니다. 동료에게 칭찬받으면 승진해도 될 사람으로 인정받는 것입니다. 무엇보다 우리는 이익에 집중해야 합니다. 꼴등 했어도 1등 한 동료보다 더 큰 이익을 얻을 수 있다면 손해가 아닙니다. 서로 이익을 주고받을 수 있으면 경쟁 대신에 공존할 수도 있습니다. 때로는 경쟁에 승리하려면 노력만으로는 부족하고 행운이 필요합니다. 그래서 패배를 슬퍼하지 말고 용기 있게 인정할 수 있어야 합니다. 마지막으로 경쟁은 법과 상식을 지키면서 해야 합니다. 법과 상식을 지키지 않으면 한순간에 모든 이익이 사라질 수 있습니다.

최선을 다했는데 졌다면
실력이 아니라 운 때문

노력으로 만들지 못하는 운도 있습니다

공정한 경쟁에서 최선을 다했는데 승진하지 못했다면 실망하지 마세요. 상대가 먼저 승진한 이유는 운이 좋았기 때문입니다. 운 때문에 졌다면 사람의 잘못이 아닙니다. 그래서 슬퍼하거나 무능력하다고 자책할 이유가 없습니다. 억지 위로처럼 보일 수 있지만, 30년 직장생활의 필터를 거친 결론입니다. 직장생활은 실력과 함께 행운이 필요하다는 점을 배웠습니다. 어느 수준까지는 개인의 노력으로 가능하지만, 그 이상은 행운이 필요합니다. 그것을 깨달은 이후부터는 좋은 일도 자랑하지 않았고 나쁜 일도 슬퍼하지 않았습니다.

사회생활을 하면 '운칠기삼運七技三'이라는 말을 자주 듣습니다. 성공의 70%는 운이며 30%만 능력이라는 의미입니다. 패배자의 변명처럼 들리지만, 30년을 경험해 보니 사실입니다. 혹자는 운도 만들어 가는 것이라고 하겠지만, 인간이 노력으로 만들지 못하는 운도 있습니다. 그런 운은 말 그대로 행운입니다. 부자가 로또를 많이 구매했더라도 당첨되지 않지만, 운 좋은 사람은 1장만 구매해도 당첨되는 것과 같습니다. 행운을 만나면 좋은 것이지만, 행운이 오지 않더라도 잘못이 아닙니다. 그래서 행운이 필요한 경쟁에서는 지더라도 괜찮습니다. 슬퍼하는 대신 본인에게 '할 만큼 했는데 아쉽다. 재수가 없었다. 다음에 운만 따르면 잘될 거야'라며 칭찬해야 합니다.

행운은 공평하게 다양한 모습으로 옵니다

개인적인 생각이지만, 행운의 총량은 사람마다 비슷하다고 생각합니다. 마치 질량 보존의 법칙과 같아서 과거에 운이 없었다면 현재나 미래에 운이 올 것으로 생각합니다. 그때 행운의 모습은 금전이나 명예가 아닐 수 있습니다. 대신 노후에 꼭 필요한 건강, 화목한 가족 관계, 언제라도 함께할 수 있는 친구의 존재일 수 있습니다. 글쓴이는 로또 1등과 화목한 가족 관계 중에 한 개를 선택하라면 고민 없이 화목한 가족 관계를 선택할 것입니다. 만일 로또 1등에 당첨되었다면 행운 전부를 미리 사용했다고 생각하고 각별하게 조심해야 합니다. 로또 1등으로 인해 미래에는 행운보다 불행이 올 가능성이 커졌기 때문입니다. 그래서 지금은 경쟁에서 졌더라도 마지막이 아니라고 생각해야 합니다. 포기하지 않으면 다른 모습으로 행운이 올 수 있습니다. 도전이라는 계단을 올라가다 보면 자신도 모르는 사이 행운이 눈앞에 있을 수 있습니다. 그래서 행운이 올 때까지 포기하지 않아야 합니다. 행운이 오지 않아도 잘못은 아니지만, 중간에 포기하면 잘못입니다.

부탁은 들어주기보다
거절을 잘해야

직장에서는 슈퍼맨 대신 츤데레[14]가 좋습니다

직장에서 슈퍼맨이 되려는 동료를 본 적 있습니다. 주어진 업무에 최선을 다하는 것은 물론, 주변 사람의 부탁을 본인의 일처럼 합니다. 결론부터 말하면 그 동료는 힘겨운 삶을 살아가는 인기 없는 슈퍼맨이 됩니다.

슈퍼맨을 지향하는 동료는 선한 마음을 가졌습니다. 본인의 일에 최선을 다하고 쉬는 시간에 동료를 도와줍니다. 그런데 동

---

14 겉으로는 엄격하지만, 속마음은 따뜻한 사람.

료들의 부탁이 생각보다 많아집니다. 열심히 도와주지만 모든 부탁을 들어줄 수 없습니다. 그래서 본인의 판단에 따라 선택적으로 도와줍니다. 그러나 동료는 본인의 부탁이 제일 중요합니다. 슈퍼맨이 바쁜 것은 알겠지만, 본인의 부탁을 거절하면 차별당하는 것으로 생각합니다. 그래서 한 번만 거절당해도 슈퍼맨에게 짜증을 냅니다. 결국 선한 의도로 시작했지만, 동료들에게 실망을 줍니다. 슈퍼맨도 동료를 도와주다가 본인의 일에 소홀해집니다. 친구를 만날 여유도 없습니다. 선한 마음의 슈퍼맨은 스트레스를 받아 모든 에너지를 소진합니다. 그래서 본인의 일은 물론 동료 돕는 일까지 소홀하게 됩니다.

직장생활을 하다 보면 주변 사람으로부터 도움을 부탁받는 경우가 있습니다. 도와 달라는 이유를 들어보니 타당해 보입니다. 귀찮기는 하지만 딱히 바쁜 일이 없어서 도와주어도 괜찮을 것 같습니다. 그리고 거절하려니 왠지 마음이 불편합니다. 사실 직장에서 동료에 대한 배려와 호의는 그 사람과 좋은 인연을 만듭니다. 주변 사람들로부터 칭찬도 듣습니다. 다만 부탁은 한 번으로 끝나지 않습니다. 안타깝지만 직장에는 동료의 좋은 의도를 이용하려는 사람이 있습니다. 불편한 마음을 극복하고 부탁을 거절하면, 본인을 도와야 하는 수십 가지의 이유를 가져옵니다. 슈퍼맨은 현실에서 존재할 수 없지만, 영화 속의 슈퍼맨이라도 모든 부탁을 도울 수 없습니다. 직장에서는 감당할 수 있는 만큼 일하는 츤데레가 되어야 합니다. 상대방을 도와주기 전에 본인에게 어떤 이익이 될지 명확하게 결정해야 합니다. 이익은 좋은 평판, 폭넓은 인간관계, 타인을 돕는 만족감 등 다양합니다. 다만, 상대방을 도와주기 위해 본인의 업무에 소홀했다면 이익보다 손해가 큽니다. 동료를 도와준다는 이유가 소홀한 업무의 변명이 될 수 없습니다.

거절은 연습이 필요합니다

거절 못 하는 이유 중 하나는 익숙하지 않기 때문입니다. 거절에 익숙하지 않으니, 마음이 불편합니다. 본인이 바빠서 거절한다고 생각하면 상대방에게 미안한 마음이 생깁니다. 그래서 거절의 이유를 상대에게서 찾아야 합니다. 다시 말하면 '상대를 위해 부득이하게 거절했다.'라는 이유를 찾는 것입니다. 말장난처럼 들리지만, 엄청난 효과가 있습니다.

예를 들면 상대방을 돕다가 본인의 일에 소홀하면 상사에게 지적받습니다. 그로 인해 사무실 분위기가 어색해지면 부서원 모두 불편합니다. 부서원은 누가 원인 제공자인지 찾습니다. 누군가 바쁜 사람에게 도움을 부탁한 사실을 알게 됩니다. 도움을 요청한 누군가는 부서원에게 비난받습니다. 결국, 누군가의 부탁을 들어주게 되면 그 사람에게 손해인 셈입니다. 거절은 상대를 위한 것으로 생각하고 편한 마음으로 거절할 수 있어야 합니다. 경험에서 배운 거절을 위한 세 마디 문구를 소개합니다. 먼저, '상대를 진심으로 돕고 싶다.'라는 애정의 서론입니다. '상대를 위해 거절한다.'라는 이유가 본론입니다. 마지막으로 '끝까지 상대의 부탁을 위해 노력하겠다.'라는 다짐의 결론입니다.

> ① 당신을 진심으로 돕고 싶습니다. ② 하지만 지금 업무가 많습니다. 당신을 돕게 되면 상사가 요청한 업무가 늦습니다. 상사에게 당신 때문에 늦었다고 말하고 싶지 않습니다. ③ 일이 끝나면 도와드리겠습니다.

거절에는 명분이 있어야 용기가 생깁니다. 명분에 동료의 이익을 위해서라는 메시지가 포함되어야 합니다. 동료에게 이익이 되므로 도와줄 수 없다는 말이 생뚱맞게 들릴 수 있습니다. 처음에는 어색하지만, 충분한 논리가 됩니다. 실제로 우리의 일이 빨리 끝나야 동료를 도울 수 있습니다. 무엇보다 거절하는 우리의 마음이 편합니다.

싸우지 않고
이기는 방법이 최선

경쟁은 결투와 공존의 방법이 있습니다

우리는 매출이 좋은 커피숍을 운영하고 있습니다. 안타깝지만 자연스럽게 옆 건물에 새로운 커피숍이 오픈됩니다. 상도덕에 어긋나는 행위라며 분개하지만, 법적으로 문제없는 자본주의 경쟁입니다. 새 커피숍 때문에 손님이 분산되어 매출이 떨어집니다. 매출이 떨어져도 적정 수준의 이익이 유지된다면 참고 지냅니다. 하지만 운영하지 못할 정도로 적자가 발생하면 할인 행사를 시작합니다. 영업 이익이 줄어 힘들지만, 상대도 힘들 것이라 위안하며 버팁니다. 이에 상대 커피숍도 할인을 시작합니다. 이제는 치킨게임[15]이 되어 둘 중 하나는 폐업해야 합니다. 누군가는 떠나야 경쟁이 종료됩니다. 그런데 다른 방법이 있습니다. 할인 행사 같은 출혈 경쟁은 이익이 적고 이긴다는 보장도 없습니다. 그래서 출혈 경쟁이 아니라 커피숍의 경쟁력을 높이는 방법을 찾습니다. 신제품을 출시하고 인기 있는 캐릭터 상품을 판매합니다. 아르바이트 직원 대신 매장을 직접 관리하고 낭비되는 재료비와 관리비를 개선합니다. 상대 커피숍과 직접 결투 대신에 새로운 매출을 창출하고 경쟁력을 강화합니다.

자영업과 똑같지는 않지만, 직장에서 경쟁자와 결투의 모습도 유사합니다. 결투를 선택했다면 퇴사를 각오하고 치열하게 싸워야 합니다. 승리는 불확실하고 승리하더라도 피해가 큽니다. 직장 동료는 승자보다 패자를 안타까워하며 응원합니다. 그래서 결투 대신에 본인의 역량을 강화하는 방법을 선택할 수 있습니다. 역량을 키워 직장에 더 많은 이익을 제공합니다. 힘들고 시간이 더 소요되지만, 직장 동료는 물론 경쟁자에게도 칭찬받습니다. 제3의 경쟁자가 등장해도 역량이 강화되었기에 불안하지 않습니다.

15 어느 한쪽이 이길 때까지 서로 피해를 무릅쓰며 경쟁하는 게임.

결투는 이길 수 있을 때 선택해야 합니다

직장에서의 경쟁은 항상 존재합니다. 태양의 그림자처럼 이익이 있는 곳에는 경쟁이 따라다닙니다. 자영업처럼 두 가지 선택이 있습니다. 결투할지 경쟁력을 강화할지 본인의 선택입니다. 결투는 한 명이 떠나야 끝나는 승부입니다. 결투가 불가피하면 피하지 않겠지만, 패하면 떠나야 하기에 선택권이 있다면 신중해야 합니다. 승률이 반반이라면 당연히 피해야 합니다. 50% 확률에 직장생활을 베팅하는 것은 현명하지 못한 결정입니다.

손자는 싸우지 않고 이기는 '부전승不戰勝'을 최고의 전략이라고 했습니다. 부전승은 적이 감히 넘보지 못하는 전투력을 갖거나 상대방을 속여서 스스로 굴복하게 만드는 전략입니다. 세계 최고 군사력을 보유한 미국과 전쟁하겠다는 나라는 없습니다. 미국이 매년 우리 돈 1,000조 원 이상의 국방비를 사용하는 이유는 부전승을 위한 전략입니다. 글쓴이가 기술한 본인의 역량을 강화하는 방법은 부전승을 위한 전략입니다. 역량을 강화해서 상대방이 감히 결투를 신청하지 못하게 하는 것입니다. 손자는 '철저한 방어는 전쟁에 패하지 않는 이유이며, 적의 실수는 전쟁에 승리하는 이유'라고 했습니다. 직장에서도 개인의 역량을 강화하고 경쟁력을 키우면 적어도 패하지는 않습니다. 이기기 위해 아무 노력하지 않아도 경쟁자가 실수를 반복하면 자연스럽게 승리합니다. 중요한 점은 승패가 불확실한 상황에서는 신중해야 합니다. 결투해야 한다면 반드시 이길 수 있는 상황에서 해야 합니다. 우리의 역량을 높여 상대방이 감히 결투를 신청하지 못하게 하면 최선입니다. 상대방의 도발에 흥분하지 않고 차분히 상황을 관망하면서 결정적 순간까지 역량을 키워야 합니다.

글쓴이는 군대생활을 하면서 같이 근무하는 동료를 경쟁자라고 생각하지 않았습니다. 대신 선진국의 장교, 특히 미국 같은 강대국의 장교를 경쟁자로 생각했습니다. 그들과 경쟁하기 위해 무엇을 해야 할까, 고민했습니다. 그런 고민 덕분에 고단한 군대생활에도 미시간 대학에서 범죄학 석사학위, 국내 대학에서 테러학 박사학위를 받았습니다. 미군 장교들은 어떻게 공부하는지 알고 싶어 미국 합동참모대학Joint Forces Staff College 과정도 마쳤고, 미군의 전쟁 역량을 알고 싶어 이라크 전쟁이 한창이던 2006년에 바그다드에서 1년간 파병 근무했습니다. 그런 노력 덕분인지 청와대에서 행정관으로 2년 경력도 쌓았습니다. 글쓴이가 감히 손자와 비견할 수 없지만, 30년 직장 경험을 바탕으로 경쟁자와 목숨을 건 결투보다 본인의 경쟁력 강화에 매진하는 전략을 첫 번째 방안으로 추천합니다.

경쟁자와
공존하기

서로에게 이익이 되면 공존할 수 있습니다

경쟁자와 결투는 누군가 반드시 패배하는 극단적인 상황입니다. 극단적인 상황의 결투는 이겨도 손해입니다. 무엇보다 새로운 경쟁자는 계속 등장합니다. 그때마다 경쟁자와 결투한다면 상처뿐인 영광만 남게 됩니다. 그래서 서로에게 이익이 되는 공존이 좋은 선택입니다. 공존하기 위해서는 서로에게 이익을 줄 수 있어야 합니다. 상대방이 중요하게 생각하는 이익이 무엇인지 알면 도움이 됩니다. 이익은 다양하지만, 직장의 중요 정보 같은 물질적 이익과 편안한 대화 상대 같은 정신적 이익을 생각해 볼 수 있습니다. 공존의 강도는 상대에게 제공할 수 있는 이익의 질과 양에 따라 정립됩니다. 서로에게 핵심적인 이익을 제공할 수 있다면 가장 강력한 군사동맹이 가능합니다. 군사동맹 관계는 상대방이 공격받을 때 반드시 도와야 합니다. 상대방의 피해는 곧 내 이익의 훼손이므로 상대방을 돕는 일은 나를 위한 일입니다. 그 외 관계는 상호 상황과 여건에 따라 진행될 수 있습니다. 많은 경쟁자와 군사동맹을 맺을 수 있으면 최선입니다.

예를 들어 대한민국 외교 관계는 중요도 순위에 따라 6단계[16]로 구분합니다. 최상위 글로벌 포괄적 전략적 동맹은 군사동맹을 포함하는 동맹으로 미국이 유일합니다. 나머지 관계는 단계가 있어도 관계의 우열을 나누기 어렵고 외교적 수사의 의미로 생각하면 됩니다.

최고 단계 [글로벌 포괄적 전략적 동맹] 미국

2단계 [글로벌 전략적 동반자] 영국

3단계 [포괄적 전략적 동반자] 호주, 캐나다, 베트남, 덴마크, 페루 등

4단계 [전략적 동반자] 중국, 러시아, 인도, 멕시코 등

5단계 [포괄적 동반자] 칠레, 사우디아라비아, 브라질, 프랑스 등

6단계 [동반자] 일본, 뉴질랜드 등

16   나무위키 '대한민국/외교' 검색 결과.

경쟁자와 공존은 국가 및 기업에서도 많이 볼 수 있습니다. 다만, 역사에서 알 수 있듯이 영원한 동맹은 없습니다. 상대방이 원하는 이익을 제공할 수 없으면 상대방은 떠날 것이며, 상대의 이익을 침해하면 언제라도 적국으로 돌변합니다. 직장에서도 영원한 공존은 없습니다. 그래서 공존했던 동료가 언제라도 경쟁자가 될 수 있음을 염두에 두어야 합니다.

공공의 적이 되지 않도록 주의해야 합니다

주의할 점은 경쟁자가 다수일 때는 가장 강한 경쟁자로 인식되지 않도록 해야 합니다. 가장 강한 경쟁자는 다수로부터 견제를 받습니다. 강력한 경쟁자가 등장하면 다른 경쟁자들은 모여서 그룹을 만듭니다. 다수로부터 견제를 받게 되면 최악의 상황입니다. 이를 막으려면 하지 말아야 할 습관과 해야 할 습관이 있습니다. 먼저, 하지 말아야 할 습관은 상대방의 감정을 자극하는 과시와 자랑입니다. 과시와 자랑은 불특정 다수로부터 공격받는 원인을 제공합니다. 그래서 시샘과 질투를 받을 만한 물건이나 이벤트는 혼자서 즐겨야 합니다. 직장은 이익을 거래하는 곳이므로 팔지 않을 물건을 함부로 노출하면 안 됩니다. 팔지 않을 물건을 공개하면 상대방은 훼손하려 합니다. 물건에 흠집 내고 악담하면서 물건의 가치를 떨어뜨립니다. 이를 막기 위해서는 24시간 경계하면서 상대방 공격에 일일이 대응해야 하는데, 그것은 현실적으로 불가능합니다. 자랑과 과시는 내 이익과 무관한 일에 시간과 에너지를 낭비하게 만드는 잘못된 습관입니다.

하지 말아야 할 습관이 자랑과 과시라면 꼭 해야 할 습관은 겸손입니다. 오랜 직장생활 경험에서 성과는 본인의 노력으로 달성하지만, 위기는 적에게서 온다는 것을 배웠습니다. 그래서 적이 적을수록 성공의 가능성은 커집니다. 그런 이유로 다수의 친구와 소수의 적 중에서 선택할 수 있다면 소수의 적을 선택할 것입니다. 그런데 사람의 취향은 너무 다양해서 완벽한 사람도 적이 있습니다. 누군가에게는 그 완벽함이 싫기 때문입니다. 우리가 아무리 노력해도 우리를 싫어하는 동료가 있습니다. 문제는 우리는 그 동료가 누군지 알지 못합니다. 겸손은 직장에서 불특정 다수의 적을 최소화할 수 있는 효과적인 방법입니다. 겸손은 상대방의 생각을 존중하고 자극하지 않는 것이 핵심입니다. 상대방의 행위에 대해 평가하고 원인을 찾으려 하지 말아야 합니다. 상대방이 어떤 행위를 하더라도 '그럴 수 있겠구나!'라고 생각해야 합니다. 겸손의 사전적 정의는 '남을 존중하고 자신을 내세우지 않는 태도'라고 되어있습니다. 너무 포괄적인 설명이라 이해하기 어려울 수 있습니다. 글쓴이가 생각하는 직장생활의 정의는 '주관적 기준으로 상대방을 평가하거나 가르치지 않는 태도'입니다. 사람은 자극이 없으면 반응하지 않습니다. 그런데 우리는 과시적인 생각으로 상대방을 평가하고 가르치려는 경향이 있습니다. 평가와 가르침은 직장인이 되기 전까지 가정이나 학교에서 받는 것입니다. 직장인이 되면 부모님의 평가와 가르침조차도 싫어합니다. 본인은 도와주려는 의도로 시작했어도 동료는 '잘난 척, 아는 척, 있는 척'하는 행위로 오해합니다.

경쟁의
규칙

경쟁 간에도 법과 상식을 준수해야 합니다

전쟁의 대가大家 클라우제비츠는 그의 명저 『전쟁론』에서 인도주의자가 평화적으로 전쟁에 이기려는 생각을 '자비의 오류'라고 했습니다. "피를 흘리지 않고 이긴다거나 죽이지 않고 승전한다는 생각은 자비의 오류다. 무자비한 자가 자비한 자를 언제나 이긴다."라며 전쟁은 무자비함이 당연하다고 했습니다. 역사에는 법과 상식을 지키는 국가가 오히려 전쟁에 패하는 모습을 자주 볼 수 있습니다. 반대로 법과 상식을 지키지 않더라도 전쟁에서 승리만 하면 승리국이 받는 국제적 처벌은 승리의 전리품에 비하면 미미합니다.

그러나 동료와의 경쟁은 법과 상식이 지켜지지 않는 세계 전쟁과는 다릅니다. 직장생활의 경쟁은 무자비하고 치열하지만 지켜야 할 규칙이 있습니다. 법과 상식을 따라야 한다는 단순한 규칙입니다. 직장에서 법과 상식을 준수하는 이유는 상대방을 위해서가 아니라 우리를 보호하기 위해서입니다. 직장에서는 법과 상식을 준수하지 않으면 상응하는 처벌을 받습니다. 법을 준수하지 않으면 징계 이상의 처벌을 받고, 상식을 어기면 비난과 손가락질을 받게 됩니다. 악당은 법과 상식을 지키지 않습니다. 그런 이유로 처음에는 악당이 유리해 보이지만, 마지막에는 비참한 본인의 모습을 보게 됩니다. 치밀하고 교묘한 악당이라면 현직에서는 고위직으로 승진하고 법의 처벌도 피할 수 있습니다. 하지만, 직장 동료들의 경멸과 멸시는 피하지 못합니다. 시간이 걸리겠지만 반드시 응징 당하고 악당이라는 낙인은 평생 따라다닙니다.

직장에서 치열하게 경쟁했더라도 법과 상식을 지켰다면 경쟁이 종료된 후에는 다시 친구가 될 수 있습니다. 직장생활을 마무리하는 시기에 오니 친구가 소중합니다. 특히 치열하게 경쟁했던 동료는 어렵고 힘들었던 추억을 공유했기에 대화가 편합니다. 한순간의 욕심으로 법과 상식을 지키지 않았다면 그런 친구를 가질 수 없었습니다.

『삼국지연의』의 조조를 예로 들어보겠습니다. 조조는 위, 촉, 오 삼국 중에서 가장 강했던 위나라 건국의 주역입니다. 탁월한 군사적 식견뿐만 아니라 무예도 뛰어났고, 학문에도 많은 업적을 남겼습니다. 신분 구분 없이 인재를 등용하고, 탁월한 행정 능력으로 위나라를 가장 강력한 나라로 만들었습니다. 그러나 잔혹한 학살과 숙청으로 후대에서는 간사한 영웅이라는 의미로 간웅이라고 부릅니다. 그렇게 조조는 뛰어난 재능과 업적에도 불구하고 역사적으로는 악인으로 평가받고 있습니다. 그의 만행 중에서 여백사의 사건을 짧게 소개합니다.

조조는 동탁 암살에 실패하고 친구인 여백사의 집에 피신합니다. 여백사는 진심으로 조조를 맞이합니다. 조조를 대접하기 위해 본인은 술을 사러 외출하면서 가족들에게 돼지를 잡아 음식을 준비하라고 합니다. 가족들이 돼지를 잡기 위해 칼을 갈게 되는데, 조조는 자신을 죽이려는 것으로 오해하고 여백사 식구들을 모두 죽입니다. 하지만 묶인 돼지를 본 조조는 실수를 깨닫고 자책하며 도망칩니다. 조조는 술을 들고 오는 여백사를 만나게 되자, 급한 일이 있다고 둘러대며 길을 갑니다. 그러다가 조조는 다시 돌아와 여백사를 죽입니다. 조조의 잔인함에 놀란 일행이 이유를 묻자, 조조는 이렇게 말합니다. "내가 타인을 배신하더라도 타인에게 배신당하지 않겠다." 가슴이 섬뜩한 조조

의 잔혹함과 악랄함을 극명하게 보여 주는 사건이라 할 수 있습
니다.

거래의
방법

거래는 상대가 원하는 이익으로 원하는 시기에 해야 합니다

거래는 서로 필요한 유·무형의 이익이 있어야 진행됩니다. 서로 필요한 이익을 제공하면 경쟁 관계도 협력 관계가 됩니다. 일단 거래가 성사되면 경쟁자는 직장에서 우리를 지지하고 응원합니다. 그러나 우리가 거래를 희망해도 경쟁자가 동참해 주지않으면 시작할 수 없습니다. 그래서 상대의 동참을 유도할 우리의 준비가 필요합니다.

우선, 내가 생각하는 이익에 대해 분명한 기준이 있어야 합니다. 자식은 부모님의 도움을 이익이라고 생각하지 않고 당연한것으로 생각합니다. 당연히 받는 것은 이익이 아닙니다. 그래서

부모님의 도움은 아무리 받아도 나에게는 이익이 아닙니다. 그리고 부모님의 도움은 우리가 원할 때 오지 않습니다. 부모님이 때를 정합니다. 그런데 시기가 맞지 않는 도움은 이익이 될 수 없습니다. 배부를 때 비싼 음식이 있어도 먹지 않은 것과 같습니다.

반려견 훈련사 강형욱 씨가 반려동물을 이해하기 위한 두 가지 조언을 했습니다. "첫째, 반려동물이 도움을 요청하지 않았다면 보호자가 도와주더라도 반려동물은 도움으로 생각하지 않습니다. 둘째, 반려동물은 자신이 존중하지 않는 보호자의 도움은 도움으로 생각하지 않습니다." 비록 반려동물을 키우기 위한 조언이지만, 인간관계에도 적용할 수 있는 놀라운 통찰력입니다.

위의 사례를 정리하면, 거래를 위해서는 상대방이 인정하는 거래 대상자가 되어야 하고, 원하는 이익으로 원하는 시기에 거래해야 합니다. 먼저, 거래 상대는 나이와 직급이 비슷하면 이상적입니다. 고위직이 먼저 요청하면 받아들이겠지만, 일반적으로 고위직이 실무자를 거래 상대로 생각하지 않기 때문입니다. 거래 상대가 선정되면, 상대에게 이익이 될 수 있다는 메시지를 보내야 합니다. 물건을 팔기 위해서는 홍보를 해야지 무작정 기다린다고 팔리지 않습니다. 이익은 상대방이 인정하는 이익이어야 합니다. 우리가 생각하는 이익과 상대방의 이익은 완전히 다를 수 있음을 주의해야 합니다. 그리고 상대방이 필요한 시기에 거래를 제의해야 합니다. 우리가 먼저 상대방을 도우면 상대방은 도움이라고 생각하지 않습니다. 오히려 불편하게 생각하고 우리를 멀리하는 이유가 될 수 있습니다. 문제는 상대방의 이익이 무엇인지 알기 어렵다는 것입니다. 1장에서 설명했지만, 좋은 방법은 관찰입니다. 예를 들어 상대가 좋아하는 음식을 알고 싶다면, 상대가 말하는 것을 듣거나 음식을 먹은 후 반응을 보면 됩니다. 상대방을 스토킹하자는 말이 아니고, 서로에게 도움이 되기 위한 관찰입니다. 개인마다 차이는 있겠지만 직장인은 승진, 금전, 명예, 친구, 여가 생활 등을 이익으로 생각합니다. 동료가 이익으로 생각하게 된 배경까지 이해하면 더 좋습니다. 성장 과정, 집안 경제 여건에 따라 개인의 선택이 달라집니다.

도움과 평가는 다릅니다

열정적이고 책임감 있는 사람은 타인을 돕고 싶어 하는 경향이 있습니다. 그들은 업무 역량도 우수해 주위에서 도와달라는 요청도 자주 받습니다. 직장에서 촉망받는 직원으로 평가받으며 선두 주자라는 말도 듣습니다. 그러나 잘나가던 그들이 갑자기 주위로부터 소외될 때가 있습니다. 돕겠다는 좋은 의도지만 상대의 언행이나 업무에 대해 습관적으로 평가하기 때문입니다. 사람은 모두 다른 유전자DNA를 갖고 태어났고, 다른 환경에서 성장했습니다. 매일 얼굴을 보며 생활하는 가족들도 서로의 마음을 알지 못합니다. 평가는 부모에게 들어도 잔소리이기 때문에 돕겠다는 좋은 의도라도 다르게 오해되어 비난으로 돌아옵니다. 심지어 자존심에 상처받고 도우려 했던 사람을 멀리하거나 비난하기도 합니다.

사람은 자신을 과대평가하는 경향이 있습니다. 동료도 그럴 것으로 여겨집니다. '더닝-크루거 효과'라는 심리학 이론을 참고할 만합니다. '더닝-크루거 효과'는 자신을 과대평가하는 인지 편향 현상입니다. 실력이 낮은 사람들이 자신의 실력을 과대평가하는 경향을 의미합니다. 미국 코넬 대학교 심리학자 데이비드 더닝과 저스틴 크루거는 학부생을 대상으로 논리적 사고, 문법, 유머 감각 등을 테스트했습니다. 그 결과 점수 분포 하위 25%에 해당하는 참가자들은 평균보다 높은 점수를 예상했다고 합니다. 사람의 과대평가를 일반화하려는 의도가 아닙니다. 다만 사람은 자신을 과대평가하는 경향이 있으므로 사람에 대한 평가는 신중해야 한다는 점을 강조하기 위함입니다. 동료가 본인의 역량을 높게 평가하고 있다면 어떤 조언도 효과가 없습니다. 그래서 어떤 경우에도 상대방을 개인의 시각으로 평가하면 안 됩니다. 상대방이 먼저 평가를 요청해도 주의해야 합니다. 먼저 요청하는 경우일지라도 상대는 미리 정답을 결정하고 요청할 때가 많습니다. 본인이 내린 정답에 공감받고자 요청하는 것인데, 우리는 상대방이 생각하는 답을 알지 못합니다. 만약, 상대방의 생각을 정확히 알고 있다면 그대로 답변해 주면 됩니다. 그러나 완벽히 이해하지 못했다면 "당신은 최선을 다했고, 좋은 결과가 기대된다."라는 형식의 두루뭉술한 답변이 적당합니다. 드물지만 상대가 불법 행동에 대한 정당성을 요청하는 질문을 한다면, 직설적인 지적보다 우회적으로 완곡하게 설명하면 좋습니다.

칭찬은
좋은 관계의 시작

간접적이고 구체적으로 칭찬하기

30년 직장 경험에서 칭찬은 언제나 옳다는 것을 배웠습니다. 상황에 맞는 세련된 칭찬은 예술 작품처럼 감동을 줍니다. 사람은 억지스럽고 어색한 칭찬이라도 즐거워합니다. 상사는 아부성 칭찬도 좋아하고 내심 기다립니다.

글쓴이가 들은 가장 기분 좋은 칭찬 방법은 제삼자第三者를 통한 간접 칭찬입니다. 간접 칭찬은 칭찬한 사람의 진실성을 돋보이게 합니다. 1:1 직접 칭찬은 진실을 말하더라도 호감을 주기 위한 칭찬으로 인식합니다. 예를 들어 실무자가 합리적인 리더십을 보여준 상사를 칭찬했습니다. 1:1 직접 칭찬입니다. 반면에 실무자의 동료가 실무자의 칭찬을 상사에게 전달합니다. 제삼자의 간접 칭찬입니다. 상사는 실무자에게 직접 들을 때보다 실무자의 동료에게 듣게 되면 실무자의 진실성을 더 느낍니다. 1:1 직접 칭찬은 상대방의 의도를 생각하게 합니다. 정말로 칭찬받을 행위를 했는지 아니면 다른 목적이 있는지 의심합니다. 아니면 관례적이거나 가식적 칭찬으로 생각할 수 있습니다. 하지만 간접 칭찬은 자연스럽게 받아들여 효과가 배가됩니다. 간접 칭찬이 전달되기 위해서는 직장 내 수다쟁이 또는 칭찬 대상의 친구가 누군지 알면 좋습니다. 칭찬은 전달하는 사람도 즐겁게 합니다. 그래서 칭찬대상자, 전달자 모두로부터 호감을 얻을 수 있습니다.

칭찬은 구체적으로 해야 합니다. '착하다, 잘한다' 식의 일상적인 칭찬은 감동이 없습니다. 소위 영혼이 없는 칭찬이 됩니다. 그리고 관계없는 생뚱맞은 칭찬은 효과가 없으므로 강점이나 장점을 칭찬하면 좋습니다. 예를 들어 같은 사무실에 있었다는 이유로 프로젝트에 참여하지 않은 실무자까지 포함하여 칭찬하면 참여하지 않은 직원은 어색해합니다. 실제로 상사는 실무자의 개별적인 임무를 알지 못해서 종종 다른 실무자를 칭찬할 때가 있습니다. 영어 회화에 강점이 있는 직원에게는 단순히 "잘했다."보다는 "영어 발음이 원어민 같다."라는 칭찬이 좋습니다. 아침 일찍 출근해서 사무실을 정리하는 직원이 있다면, "덕분에 사무실이 깨끗해지고 청결해져서 일할 의욕이 생겼어." 라는 칭찬이 좋습니다. 칭찬의 핵심은 상대가 듣고 싶은 말을 해주는 것입니다. 체중 감량을 목적으로 운동하는 동료에게는 "날씬해졌다."나 "홀쭉해졌다."라는 말이 좋습니다.

다음은 영혼을 담은 칭찬입니다. 옆자리 동료에게 쇼핑에 대한 의견을 요청받습니다. 동료는 옷이나 액세서리를 살 때마다 의견을 요청합니다. 귀찮기도 하고 그런 물품에 지식이 없는 문외한들은 의견 주기가 망설여집니다. 처음 몇 번은 이런저런 의견을 주기도 하지만 몇 번 지나면 "좋아요. 마음에 들어요."라며 대충 얼버무리게 됩니다. 친구는 성의 없다는 느낌을 즉시 받습니다. 만약 가족 관계였다면 등짝 스매싱이 왔을 겁니다. 문외한은 의견 주기가 부담스럽고 무슨 말을 할지 모릅니다. 그래서 평소에 칭찬 패턴을 준비하면 좋습니다. 옷이나 액세서리에 관한 듣기 원하는 표현이 적당합니다. 어떤 질문이 오더라도 "당신을 더욱 세련되게 하네.", "젊어 보여.", "우아해 보여.", "청아(청초)해 보여.", "옷 색깔과 어울리네.", "다리가 길어 보여.", "머리 스타일과 잘 맞네."라고 답변한다면 상대는 만족해합니다. 우리는 짧게 대답했지만, 상대는 칭찬받고 본인의 생각을 길게 설명합니다. 업무와 관련된 의견이라면 "사장님이 아주 많이 만족해하셨어.", "참석자 모두 감탄했어.", "직장 동료들이 깜짝 놀랐어."처럼 사람들의 평가를 전달하는 표현이 적당합니다. 칭찬은 낯선 타인도 웃게 만드는 마법이 있습니다. 비용이 무료이면서도 어떤 선물보다도 효과가 좋으며 상대방은 부담 없이 받을 수 있습니다. 가까워지고 싶은 사람이 있다면 오늘 당장 시도해 보시기 바랍니다.

04

별스러운 직원에게
존경받기

업무 성과보다
직원의 행복이 먼저

직원의 행복은 상사의 책무입니다

상사는 직원이 신나고 즐겁게 근무할 수 있는 분위기를 조성해야 할 책임이 있습니다. 부끄럽지만 글쓴이는 불과 몇 년 전에 그걸 깨달았습니다. 행복하고 신명 난 직원은 부여된 목표를 달성한다는 것을 배웠습니다. "닭이 먼저냐, 달걀이 먼저냐?"라는 질문은 과학계가 영원히 풀지 못하는 숙제입니다. 하지만, "직장에서 목표 달성이 먼저냐, 직원의 행복이 먼저냐?"라는 질문에는 직원의 행복이 우선이라고 확신합니다. 그전에는 업무가 우선이고 목표를 달성하면 직원들이 행복하리라 생각했습니다. 그래서 업무를 우선으로 생각하고 일했습니다. 그런데 업무에 매진하면 할수록 직원들과 대화가 줄었습니다. 실무자가 글쓴이를 피하는 것처럼 느껴졌습니다. 상사로부터 칭찬을 받았지만, 실무자의 표정은 밝지 않았습니다. 그런 분위기는 몇 년이 지나도 변하지 않았습니다. 지금에서야 직장의 목표 달성만으로는 직원을 행복하게 만들 수 없다는 것을 배웠습니다. 그리고 목표 달성이 줄 수 있는 행복의 시간은 매우 짧고 강도도 크지 않았습니다. 반면에 직원이 행복하면 직장의 목표는 대부분 달성된다는 것을 경험했습니다.

직원이 행복해지면 업무 성과는 놀랍게 올라갑니다

직장에서 핵심부서가 아니면 승진이나 성과급에서 낮은 평가를 받습니다. 그런 부서의 직원은 업무 열정과 의욕이 낮고 분위기도 침체되어 있습니다. 글쓴이는 그런 부서의 관리자로 근무한 경험이 있습니다. 그 부서는 직원의 승진 비율이 낮았고, 각종 보상에서 소외되었습니다. 그러다 보니 업무에 피동적이고, 자존감은 낮았습니다. 보직되자마자 침체된 사기를 높이기 위해 고민했습니다. 글쓴이가 찾은 방법은 자존감이 낮은 그들에게 즐겁게 근무할 수 있는 환경을 조성해 주는 것이었습니다. 즉시 부서원 간 대화시간을 늘리고, 수시로 체육활동을 같이 했습니다. 알고 보니 부서 내에서 교류가 없어 직원들은 서로 얼굴도 모르고 지냈습니다. 불필요한 회의를 줄이고 정시퇴근과 휴가를 강조했습니다. 매일 1명의 부서원이 공개적으로 칭찬받는 부서원 간 칭찬 릴레이도 시작했습니다.

　가장 관심을 가졌던 부분은 부서의 업무가 얼마나 중요한지 설명하는 것이었습니다. 부서마다 임무와 역할이 다릅니다. 어떤 부서는 매일 새로운 기획안을 만들어야 칭찬받는 부서가 있습니다. 반면, 글쓴이의 부서는 다른 부서가 불편함이 없이 근무할 수 있는 여건을 유지하면 제 할 일을 하는 부서였습니다. 비유하면 집에서 엄마와 같은 역할입니다. 몇 개월이 지나자, 부서에 활력이 생기고 성과도 같이 올랐습니다. 체육대회에서 늘 꼴등 하던 부서가 일등만 하는 이변이 발생했습니다. 부서원들이 즐겁고 행복해지자 부서의 단결과 협동이 증가했기 때문입니다. 직원이 일단 행복해지자 성과는 최고점을 찍고, 직원의 자존감은 높아졌습니다. 부서원 간 서로 도와주고 칭찬하는 분위기가 주변에 알려져 다른 부서로부터 부러움을 받았습니다.

　글쓴이의 경험 외에도 경제학자와 기업경영자도 같은 이야기를 합니다. 미국 하버드대 경영대학원의 짐 헤스켓과 존 코터 교수는 "구성원들이 가치를 공유하고, 그에 기초한 조직문화를 가진 조직은 이윤추구를 목적으로 삼았던 회사보다 성과가 높았다. 수입은 4배 높았고, 일자리 수는 늘어났으며, 주식가격은

12배, 이윤은 750배가 높았다."라고 했습니다.[17] 전前 스타벅스 회장인 하워드 슐츠는 "우리 회사의 최우선 순위는 직원이다. 그다음 순위는 고객 만족이다. 이 두 목표가 먼저 이뤄져야만 주주들에게 장기적인 이익을 안겨줄 수 있다."라고 강조했습니다. 자원관리 솔루션 회사인 SAP[18]의 한국 법인 SAP 코리아의 기업문화 총괄 오용석 씨는 "직원의 행복은 매출과 직결된다." 라고 하면서, 그는 직원의 행복지수가 1점 올라갈 때마다 9천만~1억 유로의 영업 이익이 증가한다고 했습니다.

업무 역량이 우수하고 자신감이 넘친 리더는 조직의 성과에 집착하는 경향이 있습니다. 본인은 업무 성과가 달성되면 행복합니다. 그래서 직원들도 똑같을 것으로 착각합니다. 하지만, 30년 직장생활의 결론은 다릅니다. 업무 성과는 직원 행복의 일부분일 뿐입니다. 아래 그림은 글쓴이가 생각하는 업무 성과와 직원 행복의 관계 도형입니다. 그림에서 보듯이 직원 행복은 업무 성과보다 큰 도형입니다. 직원 행복은 업무 성과 대부분을 포함합니다. 글쓴이가 과장되게 그린 부분이 있지만, 글쓴이의

---

17 한겨레21, 직원과 고객 행복 먼저… 이윤은 나중, 2016.11.15.

18 SAP는 1972년 독일 만하임에서 IBM 출신 엔지니어 5인이 설립한 회사이다. SAP의 업무용 애플리케이션 소프트웨어 분야 시장 점유율은 전 세계에서 가장 크며 SAP SE는 독일 시가총액 1위 기업이다.

생각에 업무 성과는 직원 행복의 크기를 넘어서지 않았습니다.

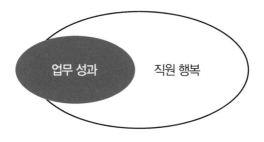

업무 성과와 직원 행복의 관계 도형

부하를 신명 나게 하는
상사의 언행 삼박자

상사는 칭찬하기, 화내지 않기, 공평하게 대우하기를 잘해야
합니다

상사가 부하에게 미치는 영향은 언행에서 시작합니다. 그래
서 상사는 말하기 전에 다시 한번 생각하고 자신의 부정적 감
정이 부하에게 전이되지 않도록 조심해야 합니다. 상사가 부하
를 신명 나게 만들 수 있는 세 가지 언행이 있습니다. '칭찬하기,
화내지 않기, 공평하게 대우하기'가 그것입니다. 글쓴이 경험상
상사의 언행 삼박자는 업무 성과를 포함합니다. 그림에서처럼
상사가 언행 삼박자만 잘해도 업무 성과를 올릴 수 있습니다.
그리고 언행 삼박자는 직원의 행복을 위해 꼭 필요한 요소입니
다. 다소 과장되게 그렸으나 중요도에 따른 순서는 '직원 행복

> 언행 삼박자 > 업무 성과' 순입니다.

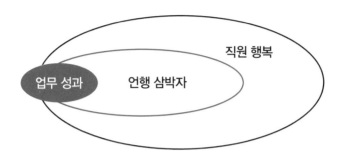

업무 성과, 언행 삼박자, 직원 행복의 관계 도형

1박자: 칭찬하기

언행 삼박자의 첫 박자는 칭찬하기입니다. 상사가 기회 있을 때마다 부하를 칭찬해야 조직에 활력이 생깁니다. 칭찬은 어떤 보상보다도 부하에게 큰 에너지를 주지만 비용은 무료입니다. 우리는 알면서도 칭찬의 힘을 잊고 살아갑니다. 칭찬에 관한 책과 영상들이 넘쳐나는 데도 정작 칭찬 실행에는 미숙합니다. 글쓴이가 아는 고위직 간부는 부하가 칭찬할 행위를 해야 칭찬할 거라며 푸념합니다. 그런데 칭찬은 부하가 잘해서 칭찬하는 것이 아니라, 상사가 찾아서 하는 것입니다. 칭찬받을 성과를 냈을 때는 칭찬받지 않아도 부하는 스스로 칭찬합니다. 성과가 있을 때는 상사가 칭찬해도 효과는 크지 않습니다. 반면 부하가 예상하지 못했을 때 칭찬은 부하에게 감동을 줄 수 있습니다.

직장생활 중에 직원들과 많은 간담회를 했습니다. 그때마다 "자주 야근하고 주말 출근하는 이유가 무엇이냐?"고 물었습니다. 대답의 90% 이상은 "상사로부터 칭찬받고 싶습니다."라는 것이었습니다. 일부 상사들은 실무자가 본인의 업무 역량을 과대평가할 수 있어서 칭찬을 자주 하지 않는다고 합니다. 맞는 말이지만, 그 말은 칭찬의 부작용 정도로 생각됩니다. 특히 칭찬받지 말아야 할 사람을 칭찬하면 안 됩니다. 열심히 일한 부하에게 칭찬하는 것은 상사의 책무입니다. 부하가 칭찬을 기대하고 있는데 상사가 칭찬을 잊는다면 부하는 실망하게 되고 의욕 저하로 연결됩니다. 그것이 쌓이게 되면 직장을 떠나게 되는 원인이 되기도 합니다. 직원에 대한 정성 어린 칭찬은 신명 나는 직장생활의 언행 첫 박자입니다.

2박자: 화내지 않기

다음으로, 상사는 감정을 잘 다스려 직원에게 화내지 않도록 유의해야 합니다. "상사도 인간인데 화내면 안 되냐?"라고 반문할 수 있지만, 결론적으로 화는 상사와 실무자 모두에게 도움이 되지 않습니다. 오히려 실무자보다 상사에게 더 큰 손해입니다. 화를 내면 왜 손해인지 살펴봅니다.

첫째, 화가 나면 감정이 격양되어 해결해야 할 문제의 본질에 집중하지 못합니다. 문제해결보다 상사와 실무자 간의 감정적인 갈등만 커지게 됩니다. 문제해결의 책임은 상사에게 있는데 상사 때문에 문제가 복잡해집니다. 상사는 상대방의 잘못을 지적하려고 화를 냈지만, 일단 화가 시작되면 감정이 격양되기 쉽습니다. 시간이 흐를수록 "듣는 태도가 불량하다. 나를 무시하느냐?" 등의 감정에 상처를 주는 단어가 불쑥 나오게 됩니다. 결국, 문제는 해결되지 않고 서로 감정에 상처만 주게 됩니다. 화는 사소한 의견 차이를 욕설 심지어 폭행 같은 대참사로 만드는 촉매제와 같습니다. 둘째, 화내는 과정에서 상대방 감정에 상처를 주게 됩니다. 감정의 상처는 신체의 상처보다 고통스럽고 오래갑니다. 신체 부상은 자연스럽게 치료가 되지만 화로 입은 상처는 자연적으로 치유되지 않습니다. 최악의 경우 유능한 직원이 직장을 떠나는 원인이 됩니다. 셋째, 건강을 해치게 됩니다. 화를 내 본 경험이 있다면 감정이 격양되는 것을 알 것입니다. 과학자는 화를 낼 때 코르티솔이라는 스트레스 호르몬이 갑자기 증가하여 심장병으로 사망할 확률을 높인다고 합니다. 특히 코르티솔의 급격한 증가는 뇌세포를 파괴하여 치매 같은 인지기능 저하가 발생할 수 있다고 합니다. 마지막으로 화는 마약처럼 내성이 있습니다. 마약은 내성 때문에 횟수가 증가할수록 강한 마약을 찾게 됩니다. 화에 내성이 생기는 이유는 화내는 원인에서 찾을 수 있습니다. 화내는 이유는 상대에게 내 의사를 강하게 전달하기 위함입니다. 화가 날 정도로 내 실망이 심각하다는 의미입니다. 그런데 한 번 화를 내면 다음에는 더 크게 화를 내야 한다고 생각하게 됩니다. 과거보다 더 강한 실망을 전달하기 위해 더 크게 소리치며 심지어 욕설도 동반되는 것입니다. 그래서 화는 횟수가 증가할수록 강도가 강해집니다. 화내는 상사의 마지막은 강제 퇴직이나 법적 처벌입니다.

그래서 화는 모두에게 손해입니다. 직장에서 이익을 감소시키는 행위입니다. 그렇다고 화를 참는 것은 오히려 더 큰 병을 만들게 됩니다. 화를 내지 않는 것과 화를 참는 것은 다른 개념입니다. 요점은 직장에서는 화를 낼 필요가 없다는 사실입니다. 화내는 대신 문제해결에 집중해야 합니다. 화내기보다 냉정하게 문제를 지적하고 개선 방안을 요구해야 합니다. 화는 소리 없이 쉬어가는 박자라고 생각하면 좋습니다. 박자가 끊이지 않으면 음악이 아니라 소음이기 때문에 잠시 쉬어가는 묵음처럼 쉬어가는 박자도 필요합니다.

3박자: 공평하게 대우하기

　마지막으로 가장 어려운 박자인 '공평하게 대우하기'입니다. 그 이유는 상사가 의식적으로 노력해도 상대방은 오해할 수 있기 때문입니다. 공평의 기준은 상사와 실무자는 물론 실무자 사이에도 다릅니다. 사람마다 기준이 다르므로 누군가는 불공평을 느끼게 됩니다. 불공평을 느낀 사람의 행위로 인한 피해는 생각보다 심각합니다. 역사에는 새로운 국가가 건국된 후 논공행상論功行賞[19] 문제로 반란이 일어나는 사례를 볼 수 있습니다. 조선 건국의 주역이었던 태종 이방원은 논공행상에 불만을 품고 왕자의 난을 일으켜 수많은 동생을 살해했습니다. 한나라 유방도 논공행상에 대한 불만으로 항우와 전쟁하였고, 결국, 한나라의 왕이 됩니다. 그들은 자신의 노력에 비해 돌아온 보답이 적었다고 생각했습니다. 다시 말하면, 불공평을 느낀 것입니다.

　직장에서도 마찬가지입니다. 부하는 상사가 특정 인원을 편애한다고 생각하면 상사에게 충성하지 않습니다. 편애하는 직원 때문에 부서원 간에 갈등이 생기고 자연스럽게 조직의 성과는 떨어집니다. 심할 경우 불공평하다고 느낀 직원은 직장을 떠

19　공적의 크고 작음 따위를 논의하여 그에 알맞은 상을 줌.

납니다. 그래서 상사는 직원에 대한 감정 표현을 조심하고, 업무 할당도 균등하게 해야 합니다. 불가피하게 특정 인원에게 업무를 많이 부여한다면 합당한 이유를 설명하고 보상 방법까지 공개하는 것이 좋습니다. 공정한 업무 분배는 상사의 책임입니다. 그러나 상사는 일 잘하는 실무자에게 많은 일을 주는 경향이 있습니다. 시간이 촉박하고 중요한 업무일수록 그 실무자에게 집중됩니다. 상사의 편의 때문에 일 잘하는 직원이 번아웃 Burnout되어 직장을 떠나는 일이 없어야 합니다. 일 잘하는 직원은 보상하고 역량이 부족한 직원은 동기를 갖도록 해야 합니다. 가장 주의할 점은 부하 간에 갈등이 발생하면 한쪽의 이야기만으로 결정해서는 안 됩니다. 사람은 본능적으로 자신에게 유리한 내용만 이야기합니다. 쌍방의 이야기를 듣지 않고 한쪽 편을 들게 되면 반드시 후회하게 됩니다. 경험에 비추어 보면 어떤 갈등이든 사람마다 각자의 사정이 있습니다. 양쪽의 생각을 들어 보면 양쪽의 입장이 모두 이해할 만합니다. 상사는 그런 갈등을 공정하게 풀어주고 해소할 수 있어야 합니다.

상사가 삼박자만 잘 연주해도 조직은 안정되게 운영되고 괄목할 만한 성과를 가져옵니다. 다만 음악이 그렇듯이 삼박자도 꾸준하게 연습해야 효과가 있습니다.

메신저^{Messenger} 아니라 매니저^{Manager}

메신저^{Messenger} 아니라
매니저^{Manager}

업무 지침은 명확하게, 불필요한 업무는 과감히 제거

상사는 나침반처럼 실무자들에게 방향을 제시할 수 있어야 합니다. 실무자가 방향을 잡지 못할 때 꺼내는 나침반 같은 존재가 되어야 합니다. 그런데 직장에는 직장의 지시만 전달하는 메신저 같은 상사가 많습니다. 그들은 그렇게 메시지만 전달하고 실무자가 알아서 결과를 가져오라고 합니다. 직장에서 상사의 역할은 직장의 업무 방향을 명확히 이해하고 실무자에게 구체적인 지침을 주는 데 있습니다. 지시만 전달하는 상사는 업무 전문성이 부족하거나 책임을 회피하려는 경향이 있습니다. 더심각한 문제는 지침이 불명확하면서도 업무 재촉은 심하게 합니다. 이런 상사의 추가적인 문제점은 전문성 부족으로 인한 쌍

끝이식 업무 요구입니다. 예를 들면 기획안을 요구하면서 만들기 어려운 PPT 형식을 요구합니다. 그림, 도표, 사진 등 일단 가용한 모든 자료는 포함하라고 합니다. 자료도 요약본, 종합본 모두 요구하고, 참고 자료도 만들어 오라고 합니다. 본인은 이것저것 모두 보고 나서 결정하겠다는 생각입니다. 지침이 불명확하니 나중에 활용하지도 않을 자료 작성으로 업무가 증가합니다. 실무자는 야근할 수밖에 없습니다. 아무리 유능한 실무자라도 번아웃됩니다. 이런 유형의 상사는 오히려 업무에 방해됩니다.

상사의 중요한 역할은 실무자가 해야 할 일을 명확히 설정하는 일입니다. 상사는 실무자가 핵심 업무에 집중할 수 있도록 불필요한 업무를 덜어주어야 합니다. 물론 상사가 임의로 결정할 수 없으므로 실무자의 의견을 들어야 합니다. 그런데도 결정할 수 없다면 본인의 상급자에게 건의해서 불필요한 업무를 줄여야 합니다. 상급자에게 묻기 부담스럽다고 실무자에게 이것저것 다 해오라고 해서는 안 됩니다. 그러면 부하가 집중하지 못해 업무의 효율이 저하됩니다. 결국, 최적의 결과가 도출되지 못해 상사와 실무자 모두에게 손해입니다. 나침반은 믿을 수 있을 때 가치가 있습니다. 실무자는 메시지만 전달하는 배달원 같은 상사에게는 믿음을 주지 않습니다. 배달원은 직장에서 누구라도 할 수 있습니다. 군대에서는 그들을 연락관이라고 부르고 초급간부에게 그 역할을 부여합니다. 상사는 앞이 보이지 않는 상황에서 방향을 제시하고, 상사의 결정이라면 무조건 믿고 따를 수 있는 신뢰를 갖추어야 합니다.

휴식은 방전된 배터리를 충전하는 시간입니다

휴식은 낭비하는 시간이 아닙니다. 휴식은 업무를 위한 재충전의 시간입니다. 배터리가 방전되면 다시 충전해야 사용할 수 있듯이 사람도 휴식이 있어야 업무를 할 수 있습니다. 상사 중에는 휴가 신청하는 직원에게 눈치 주는 사람이 있습니다. 바쁜 일도 없는데 직원이 휴가 가는 것 자체를 싫어합니다. 왜 그런지 생각해 보니 그런 유형의 상사는 업무 전문성이 부족할 때가 많습니다. 본인의 상급자로부터 언제 무슨 일이 떨어질지 모르는데 실무자가 자리를 비우면 불안합니다. 그래서 일이 없는 직원도 자리를 지키라고 은연중에 요구합니다. 이런 상사는 본인도 퇴근이 늦고 휴일에도 수시로 출근합니다.

충분한 휴식은 업무의 생산성과 직원의 만족도를 올립니다. 두 시간 책상에 앉아 있어도 집중하지 못하면 한 시간 집중해서 일하는 것보다 못합니다. 그래서 야근을 시키지 말아야 합니다. 실무자도 눈치 보지 말고 야근하지 말아야 합니다. 경험에 따르면 실무자가 야근하는 이유는 두 가지입니다. 상사가 제대로 업무 할당을 하지 못했거나, 실무자의 업무 능력이 부족하기 때문입니다. 해결 방법은 상사 또는 실무자가 교체되어야 해결됩니다.

물론 실무자도 직장업무에 부담을 주면서 휴가를 가면 안 됩니다. 예를 들어 본인의 업무가 집중되는 시기에 다른 사람에게 업무를 미루고 휴가를 가는 실무자를 본 적 있습니다. 업무를 대신하는 동료는 업무 내용을 정확히 알지 못해 시간은 두 배로 소요되고 성과는 떨어집니다. 주위 동료들의 비난과 불만이 폭증하지만, 휴가를 떠난 당사자는 모릅니다. 그런 실무자는 승진이 늦고 각종 포상에서 제외됩니다. 한순간의 편의 때문에 직장에서 받을 수 있는 다양한 혜택을 포기하는 것과 같습니다. 실무자가 휴가를 계획했으면 휴가 전까지 본인의 업무를 마무리하는 것이 기본입니다.

부하의 성장은 상사에게 이익입니다

직장생활을 하면서 직무교육을 신청하는 실무자에게 화내는 상사를 여러 번 보았습니다. 심지어 직무교육을 취소하라고 강요합니다. 실무자는 정상적인 절차를 거쳐 신청했음에도 상사의 강요 때문에 취소합니다. 그런 유형의 상사는 자신이 부하를 평생 챙겨줄 것처럼 허풍을 칩니다. 직무교육 대신에 자신과 근무하면 향후 승진에 도움을 주겠다고 설득합니다. 하지만, 그런 상사가 약속을 지킬 확률은 낮습니다. 상사가 약속을 잊기도 하지만, 근무지 변경으로 도움을 줄 상황이 안 될 때가 많습니다. 부하의 성장은 주식투자와 같습니다. 주식은 일단 투자해야 합니다. 그리고 시간이 소요되더라도 성장할 때까지 기다려야 합니다. 직원의 역량이 성장하면 직장의 이익도 증가합니다. 당장 일을 시키려는 목적으로 필요한 교육을 막으면 최종적으로 직장의 손해입니다. 상사가 실무자의 성장을 도와야 하는 이유는 상사에게 이익이 되기 때문입니다. 같이 근무하는 실무자의 역량이 향상되면 상사에게 직접 이익이 됩니다. 그래서 기회 있을 때마다 상사의 전문성과 경험을 실무자에게 가르쳐 주어야 합니다.

실무자가 교육을 받게 되면 상사에게도 이익이 됩니다. 상사가 부하의 성장을 돕는다는 평판이 알려지면 유능한 실무자들이 상사와 근무하기를 희망하기 때문입니다. '매사마골買死馬骨'이라는 사자성어가 있습니다. '죽은 천리마의 뼈를 오백 금을 주고 샀다.'는 의미입니다. 죽은 천리마의 뼈조차 오백 금을 주고 사니 세상의 모든 명마 주인이 말을 팔기 위해 찾아왔다는 이야기에서 유래했습니다. 리더가 인재를 대우하면 유능한 인재들이 찾아온다는 뜻으로 해석됩니다. 당장 성과에 매달려 직원의 성장을 돕지 않으면 미래를 보지 못하는 리더입니다. 단기간에는 성과를 내겠지만, 장기적으로는 신뢰를 잃어 큰 손해입니다. 실무자는 상사의 행위가 본인에게 이익이 되는지 손해가 되는지 늘 지켜보고 있습니다.

상사만 할 수 있는 리스크Risk 관리

조직의 진짜 실력은 위기 상황에서 드러납니다. 실력 있는 조직은 위기 상황에서도 흔들림 없이 업무를 수행하고 심지어 더 많은 성과를 이루어 냅니다. 반면, 평소에는 일 잘하는 부서로 보이더라도 위기 상황에서 어처구니없는 대응을 보여 주는 부서가 있습니다. 그로 인해 직장은 큰 손해를 봅니다. 직장의 위기관리는 사전 예방과 사후 대응으로 구분됩니다. 당연하지만 위기가 발생하지 않도록 사전 차단하는 것이 최상입니다. 정말로 위기관리를 잘하는 조직은 사전에 차단해서 안정되어 있습니다. 그래서 일하지 않는 조직으로 오해받기도 합니다. 위험한 일은 무조건 회피하는 피동적 조직이라고 비난받습니다. 하지만, 사람들은 그 조직의 리더가 위기를 예방하기 위해 얼마나 노력하고 있는지 모릅니다. 그런 이유로 안정적인 조직은 각종 성과 평가에서 1순위가 되어야 합니다.

위기 예방을 위해 상사가 관심 가져야 할 점은 업무 진행 중에 발생할 수 있는 위험 요소를 식별하는 것입니다. 대표적인 위험 요소는 상급 기관 및 관계 기관과 협의가 부족한 경우입니다. 실무자들은 칭찬받기 위해 신속하게 업무를 진행하려는 경향이 있습니다. 그러다 보니 상급 기관이나 관계자와 협의하지 않고 일방적으로 업무를 진행합니다. 아무리 업무가 많이 진행되었더라도 상급 기관에서 반대하면 업무 자체를 끝내야 합니다. 또 다른 위험 요소는 실무자가 법에 익숙하지 않아 법을 위반하는 것입니다. 상사는 업무의 시작과 진행 과정에 모두 관여하여 이런 위험 요소를 제거해야 합니다.

그럼에도 위기 상황은 불가피하게 발생하기도 합니다. 갑자기 위기가 발생하면 실무자들은 무엇을 해야 할지 혼돈에 빠집니다. 머릿속이 멍해지는 것처럼 아무 생각도 나지 않고 상사의 얼굴만 쳐다보게 됩니다. 준비되지 않은 상사는 아무것도 하지 못하고 실무자에게 소리치면서 더 혼란스럽게 합니다. 의학계에는 '골든타임Golden Time' 또는 '골든아워Golden Hour'라는 용어가 있습니다. 사람이 외상을 입었을 때 죽음을 막기 위해 진료를 받아야 하는 시간대를 의미합니다. 위기 상황에도 골든타임이 있습니다. 그 시간대에 위기 상황에 잘 대처하면 위기는 쉽게 극복됩니다. 하지만, 그 시간을 초과하게 되면 더 많은 자원이 소요되거나 심지어 위기가 악화할 수도 있습니다.

가장 먼저 할 일은 상사가 실무자들에게 침착함을 보여야 합니다. 침착하지 않으면 실수가 발생하고 그 실수로 인해 위기는 더 증폭됩니다. 다음으로 할 일은 상급 기관과 관계 기관에 위기 상황을 보고하는 일입니다. 최초 보고가 늦으면 이후 조치를 잘해도 평균 이하의 평가를 받습니다. 최초 보고가 완료되면 정확한 사실관계를 확인해야 합니다. 사실관계를 확인하는 일은 가장 어려운 일입니다. 혼란한 상황에서 여러 경로로 불확실한 보고가 들어오고, 동시에 상급 및 관계 기관은 추가 보고를 요구합니다. 상사는 실무자에게 보고를 받는 동시에 신뢰성 있는 정보만 기록하고 확인되지 않는 정보는 추가 전파를 막아야 합니다. 잘못된 정보가 전파되면 위기관리에 사용할 시간보다 잘못된 정보를 바로잡기 위한 시간이 더 소요됩니다. 이 모든 과정은 쉽게 체득되지 않습니다. 상사는 평소에 위기 상황을 가정하여 본인과 실무자가 숙달되도록 훈련해야 합니다. 위기관리 연습은 인기 있는 훈련이 아닙니다. 관리자는 현안에 집중하려 하므로 가능성이 낮은 위기 상황에 인력과 시간을 사용하려 하지 않습니다. 하지만, 위기에 미흡하게 대처한 관리자는 횟수가 한 번이더라도 경력에 치명적인 오점을 남길 수 있다는 점을 명심해야 합니다.

평생직장에서
잡호핑족^{Jop Hopping} ²⁰ 되기

젊은이의 이직은 생존을 위한 선택입니다

2000년까지만 해도 직장은 한 번 입사하면 평생 일하는 곳
이었습니다. 당시에 평생직장이라는 유행어가 있었고, 직장인은
직장에 오래 근무하는 것을 중요하게 생각했습니다. 직장은 평
생 다니는 곳이므로 직장에서 퇴사하면 생계유지가 어려웠기
때문입니다. 대기업과 금융기관은 대표적 평생직장으로 인기가
높았습니다.

---

20 경력을 쌓아 여러 번 이직하는 사람.

그러다가 1997년 외환위기가 발생했습니다. 외환위기로 경제가 어려워지자 많은 기업이 외국에 팔리면서 대규모 구조조정이 이루어졌습니다. 대표적 평생직장이었던 대기업과 금융기관도 예외는 아니었습니다. 구조조정을 거치면서 개인은 평생직장에서도 쫓겨날 수 있음을 알게 되었습니다. 그렇게 직장에 관한 개인의 생각이 달라졌습니다. 평생 다니는 직장은 사라졌으며 개인의 필요에 따라 언제라도 직장을 이직할 수 있다고 생각하게 되었습니다. 평생직장에서 직장을 위해 일했던 개인은 이제 자신의 이익을 위해 일하게 되었습니다.

2020년, 잡코리아에서 경력 1년 차 신입사원부터 10년 차 이상의 직장인 1,397명을 대상으로 이직 경험을 조사하였습니다. 전체 응답자 중 90.7%가 이직 경험이 있었습니다. 2010년과 비교하면 14% 증가한 수준입니다. 1년 차 신입사원의 77%도 이직 경험이 있었습니다. 이직 횟수는 2010년 평균 2회에서 2020년 평균 3.1회로 1.1배 증가했습니다. 1년 차에 1.8회, 입사 10년 차에는 4회까지 이직했습니다.

이직의 이유를 묻는 복수 응답의 조사에서는 '연봉 불만족(35.4%)'이 1위였고, 2위가 '적성에 맞지 않는 업무(30.5%)'였습니다. 이 외에도 개인의 발전과 경력 관리(29.2%), 상사에 대한 불만·불화(24.8%), 복지제도에 대한 불만(18.7%)이 뒤를 이었습니다. 개인이 원하는 이익을 위해서라면 신입사원 시절에도 이직을 꺼리지 않습니다. 원하는 이익을 위해서라면 이직은 선택이 아닌 필수로 인식되고 있습니다.

기성세대는 이직이 잦은 현시대 20·40대를 MZ세대[21]라고 부릅니다. MZ세대를 바라보는 기성세대의 시선은 대체로 부정적입니다. MZ세대는 개인주의 성향이 강하고 집단보다는 개인의 이익을 추구하기 때문에 끈기와 참을성이 부족하다고 지적합니다. 특히 업무에 소홀하면서 가시적인 보상에만 집착한다며 한탄합니다. 자신들이 과거 농경시대의 빈곤을 빈손으로 극복한 세대이며 지금의 MZ세대는 그 풍요로움만 누리고 있다고 합니다. 그러나 기성세대는 과거와 현재의 사회 환경 변화를 이해하지 못하고, MZ세대의 변화를 오해하고 있습니다. MZ세대의 변화는 MZ세대의 개인주의, 무책임, 게으름 때문이 아니라 MZ세대가 살아가는 사회 환경이 변화하였기 때문입니다. MZ세대는 변화된 사회 환경에서 이익을 극대화하려고 최선을 다했을 뿐입니다.

---

21 밀레니얼세대(1980년대~1990년대 초)와 Z세대(1990년대 중후반~2010년대 초)를 합쳐 MZ세대라고 부름.

한국은 조선, 대한제국 시대를 거쳐 6·25 전쟁 이후까지도 농업이 주요 산업이었습니다. 그러다가 1960년 이후에는 수출 중심의 산업화를 통해 서비스업과 제조업으로 급속히 변화하였습니다. 빠른 산업화와 함께 도시화가 같이 진행되면서 1955년에는 25%에 불과하던 도시인구가 2010년에는 80%를 초과하게 되었습니다. 산업화와 도시화라는 환경의 변화는 개인에게 과거와는 다른 삶을 요구했습니다. 산업화 이전의 주요 산업이었던 농업은 개인의 능력보다 마을 사람들의 협동이 중요했습니다. 모내기, 김매기, 벼 베기, 타작 등의 농사는 일시적으로 많은 노동력을 요구했습니다. 그래서 1개 가구의 인원수로는 감당할 수 없어서 '두레'와 '품앗이'라는 상호 간의 노동 교환 풍습이 있었습니다. 서로 돕고 도움을 받아야 했기에 마을 사람과 관계가 중요했고, 주민 간의 이견이 발생하면 마을의 원로가 중재해서 해결하였습니다. 자연스럽게 집단, 연장자가 사회 활동에 중심이 되었고, 개인과 연소자는 자신의 이익을 얻기 위해 집단과 연장자를 예우해야 했습니다. 가족도 인원이 많아야 농사에 유리했기 때문에 몇 대가 같이 살았습니다. 한 집에 많이 모여 살다 보니 갈등이 많았고, 연장자가 집안의 중요한 일들을 결정하였습니다. 연장자가 중요 이익을 결정하니 젊은 사람은 자연스럽게 집안의 연장자를 대우하게 되었습니다. 기성세대가 그리워하는 젊은이의 모습은 당시 사회 환경에서 젊은이가 선택할 수 있는 최선이었습니다. 그러나 산업화와 도시화를 거치면서 사회 환경이 급격히 변화하였습니다. 과거처럼 집단을 우선시하고 연장자를 대우했을 때, 젊은이가 얻을 수 있는 이익은 대폭 감소했습니다. 직장에서 얻을 수 있는 이익으로는 원하는 삶을 살아가기에 충분하지 않습니다. 직장에서 얻을 수 있는 이익보다 부동산이나 주식·코인 투자에서 얻을 수 있는 이익이 더 커졌습니다. 그렇게 사회 환경이 변하게 되자 젊은이도 변했습니다.

산업화와 도시화를 거치면서 젊은이의 사회 환경은 오히려 악화되었습니다

MZ세대는 산업화와 도시화라는 사회 환경에서 살고 있습니다. 그들의 사회 환경은 기성세대의 농업시대보다 절대 유리하지 않습니다. 절대적인 풍요는 증가했지만, 지금의 젊은 세대가 더 힘든 사회 환경에서 살아가고 있습니다.

2023년 한국의 합계출산율은 0.72명으로 역대 최저입니다. 인구의 고령화로 젊은 세대가 부담해야 할 미래 노인 인구 부양 비용은 증가하고 있습니다. 코로나19 이후 경기 악화로 대졸 청년 취업자 숫자는 대폭 감소하였고, 대신 불안정한 플랫폼 노

동자[22]가 외국보다 가파르게 증가했습니다. 젊은이가 농촌 지역에 살고 싶어도 일자리와 생활 인프라 부족으로 떠나야 합니다. 도시에 강제로 살게 된 청년은 점점 늘어나고 가족 없이 혼자 살아갑니다. 2022년 인구는 2019년 대비 42만 명(5,185만 명 → 5,143만 명)이 줄었지만, 1인 가구는 2014년 705만여 세대부터 꾸준히 증가하여 2022년에는 972만여 세대까지 증가하였습니다.[23] 도시인구가 과밀화되자, 도시에 거주하는 젊은 세대는 주거비로 많은 비용을 내야 하고, 교통 체증 등으로 불편한 삶을 살아가고 있습니다.

MZ세대가 좌절하는 이유 중 하나는 과거보다 부자 되기가 어려워졌다는 사실입니다. 2021년 기준 한국 가계의 자산은 부동산 같은 비금융자산이 64.4%, 예금, 주식 같은 금융자산이 35.6%로 구성되어 있습니다.[24] 그래서 부동산 자산이 증가하면 자연스럽게 부자가 됩니다. 이를 증명하듯 2018년부터 2020년까지 부동산 가치가 급등하면서 순자산의 증가 비율은 무주택 가구는 19%, 1주택 가구는 26%, 다주택 가구는 43%로 확인

---

22 국제노동기구(ILO)는 플랫폼 노동을 '온라인 플랫폼을 이용하여 불특정 조직이나 개인의 문제를 해결해 주고 서비스를 제공함으로써 보수 혹은 소득을 얻는 일자리'로 정의하고 있다.

23 행정안전부, 2023.8.22.

24 SBS Biz, 가계 자산 中 부동산 등 비금융자산 비중 64%… 美 29%, 2022.8.25.

되었습니다. 부동산을 많이 소유한 가구의 자산이 집 없는 가구보다 2배 이상 증가한 것입니다. 그러다 보니 빈익빈 부익부는 심화하고 있습니다. 한국의 상위 부자 10%의 2022년 평균 자산은 3년 동안 4억 5,643만 원이 증가했지만, 중산층은 7,310만 원 증가하는 데 그쳤습니다.[25]

똑똑한 MZ세대는 직장 월급으로 경제적 독립이 어렵다는 것을 알고 있습니다. 그래서 직장에 충실하기보다 '영끌'이라도 해서 부동산과 주식, 코인에 투자합니다. 코로나19를 거치면서 혼자 지내는 생활이 안전하다는 사실도 배웠습니다. 그래서 모바일에 익숙한 그들은 오프라인보다 인터넷 쇼핑, 구독 경제 등을 통해 불편함 없이 생활합니다. 무엇보다 부자가 되기 위한 투자가 중요하기 때문에 인간관계를 핵심 이익으로 생각하지 않습니다.

정리하면, 기성세대는 MZ세대의 변화된 사회 환경을 이해해야 합니다. MZ세대의 사회 환경은 기성세대보다 치열하고, 불확실하며, 비관적입니다. 기성세대가 꼰대라고 비웃음을 받는 이

---

25 매일경제, 상위 10% 부자 3년 새 평균 4.5억 늘어 중산층의 6배… 부동산 비중 갈수록 높아져, 2023.6.7.

유는 이런 변화를 이해하지 못하고 '라떼'를 남발하며 현실성이 떨어지는 과거와 비교하기 때문입니다. MZ세대가 잡호핑족이 된 이유도 변화된 환경에 적응한 결과물입니다. MZ세대는 그들이 처한 환경에 따라 이익을 극대화하려고 노력했을 뿐입니다.

05

악당에게서
나를 보호하기

직장에
항상 존재하는 악당

악당과 경쟁자의 차이점

사회에 소시오패스, 사이코패스 같은 악당이 존재하듯이 직장에도 악당이 있습니다. 악당은 사람의 인격을 존중하지 않으며, 자신의 목적과 이익을 위해 주위 사람들을 속이고 정신적으로 괴롭히며 이간질합니다. 특히, 경쟁자는 무너뜨려야 할 방해물로 인식하고, 수단과 방법을 가리지 않습니다. 악당에게 법과 규정은 물론 상식도 기대해서는 안 됩니다.

평범한 사람은 이해하기 어렵지만 그런 악당에게도 추종자가 있습니다. 이유는 악당으로부터 얻을 수 있는 이익이 있기 때문입니다. 그래서 악당의 힘은 생각보다 거대하고 혼자 상대하기

버겁습니다. '스톡홀름 증후군'이라는 심리학 용어가 있습니다. 스웨덴 스톡홀름에서 발생한 인질극이 배경입니다. 인질극은 발생한 지 6일 후에 납치범이 검거되어 종료되었습니다. 그런데 놀랍게도 인질들은 법정에서 경찰을 적대시하고 납치범에게 유리하게 증언했습니다. 6일 동안 인질범의 친절과 호의에 감화되었다고 합니다. '스톡홀름 증후군'은 피해자가 가해자에게 감화되어 옹호하는 심리 현상을 뜻합니다. 이렇듯 사람의 마음은 예측하기 어렵습니다. 그래서 악마도 친구가 있고, 천사에게도 적이 있다고 합니다. 현실에서도 악당에게 지지자가 있다는 사실을 염두에 두어야 합니다. 그것도 예상보다 많아서 함부로 적군과 아군을 구분해서는 안 됩니다. 드라마나 영화에서처럼 영웅한 명이 일진이나 깡패 무리를 통쾌하게 혼내주는 모습을 현실에서는 기대하기 어렵습니다. 만약 악당을 만난다면 악당과 맞서 싸우기보다 악당으로부터 피해받지 않도록 나를 보호하는 전략에 집중해야 합니다.

반면에 경쟁자는 악당과는 다른 사람입니다. 경쟁자는 특정한 목표를 두고 서로 경쟁하지만, 법과 규정을 지키며 공정한 게임을 하는 사람입니다. 스포츠 경기에서 보면 악당은 불법 약물을 사용하거나 반칙하는 사람입니다. 반면에 경쟁자는 본인의 실력으로 공정하게 경기하는 사람입니다. 경쟁자는 패배

할 수 있다는 스트레스를 주지만 그런 위기의식 때문에 우리에게 역량 향상의 동기를 부여합니다. 그런 이유로 경쟁자는 필요한 존재입니다. 피겨스케이팅의 김연아 선수가 세계적인 선수로 성장할 수 있었던 이유 중 하나는 아사다 마오라는 훌륭한 경쟁자가 있었기 때문입니다. 지금의 중국 축구가 발전하지 못하는 이유는 다른 나라 선수와 경쟁 없이 그들만의 리그를 하고 있기 때문이라고 합니다. 중국 선수들은 국내에서 높은 연봉을 받고 있어서 굳이 힘든 해외 축구 클럽에 가기를 꺼린다고 합니다. 14억 중국의 축구 순위는 피파 순위 79위[26]입니다.

경쟁은 피하고 싶다고 피할 수 있는 선택 사항이 아닙니다. 이익이 있으면 경쟁은 어디서나 존재합니다. 그러나 경쟁자와 선의의 경쟁을 한다면 악당과는 다르게 친구가 될 수 있습니다. 경쟁자와 서로의 이익을 위해 협력할 수 있다면 직장에서 내 이익은 더욱 증대될 것입니다. 경쟁자는 피할 이유도 없고 더욱이 미워할 이유도 없습니다. 대신 서로의 이익을 위해 거래해야 합니다.

26 2023년 11월 기준.

악당 찾는 법

신입사원이 직장에서 먼저 할 일은 악당을 찾는 일입니다. 악당이 누구인지 알아야 대응할 수 있기 때문입니다. 악당은 '조커' 같은 쉽게 구별할 수 있는 사이코패스 악당과 '한니발 렉터' 같은 식별하기 어려운 소시오패스 악당으로 구분됩니다.

사이코패스 악당 '조커'　　　　　소시오패스 악당 '한니발 렉터'

사이코패스 악당은 직장에서 쉽게 찾을 수 있습니다. 먼저 목소리가 크고 성격이 급하며 자신의 감정 변화에 따라 실무자를 괴롭히는 경향이 있습니다. 특기는 비속어와 욕설이고 고함은 일상입니다. 습관적으로 부하의 일상을 통제하려고 합니다. 그래서 부하의 퇴근에 민감하고 주말 출근을 요구할 때가 많습니다. 이들은 상사에게는 충성하고 부하는 필요할 때마다 갈아치우는 부속품으로 간주합니다. 그들의 약점은 업무 역량의 부족입니다. 업무보다는 상사의 심기 관리가 더 중요해서 업무에 관심이 없습니다. 그래서 업무의 방향을 제시하지 못하고 일단

'만들어 가져와 봐.' 식의 업무 지시를 자주 합니다. 이 때문에 실무자들은 불필요한 시간과 에너지를 낭비하는 경우가 허다합니다. 업무에 전문성이 부족하니 부하가 없으면 불안해합니다. 또 다른 문제점은 본인이 업무에 미숙해서 업무를 서두르는 경향이 있습니다. 아침에 지시하고 퇴근 전에 가져오라고 합니다. 실무자를 무차별식 갈굼과 과장된 공포로 통제합니다. 정말 피하고 싶지만, 소시오패스 악당보다는 대응하기 쉽습니다. 사이코패스 악당은 쉽게 식별되기 때문입니다. 일단 식별되면 악당의 공격에 대비할 수 있습니다. 사이코패스 악당을 만나면 그들에게 이익이 되거나 이익이 되는 것처럼 보여야 합니다. 그들은 자신에게 이익이 된다고 생각하면 누구라도 챙겨주고 사소한 실수는 그럴 수 있다며 넘어갑니다. 심리학자 보드는 "영국 최고경영자들의 인격적 특성을 분석한 결과 임원 승진 대상자 중 3.5%가 사이코패스로 확인되었다."라고 연구 논문에 발표하였습니다.[27]

직장에서 치명적인 악당은 소시오패스 악당입니다. 소시오패스 악당은 스나이퍼처럼 숨어있어서 공격당하기 전까지는 식별하기 어렵습니다. 누가 악당인지 알 수 없어서 대비할 수 없습니

---

27 헬스조선, 내 옆자리에 양복 입은 사이코패스가!, 2009.3.3.

다. 그들은 본인들의 행위가 상대방에게 어떤 피해를 주는지 전혀 개의치 않고 오히려 승리하기 위한 정당한 행위였다고 생각합니다. 그들은 오랜 기간 친구로 지냈던 동료도 방해가 된다고 판단하면 순식간에 배신할 수 있습니다. 예를 들면 드라마《별에서 온 그대》의 신성록 씨가 연기한 '이재경' 같은 사람입니다. 겉으로는 멋진 외모에 유능한 대기업 임원이며 수년간 봉사활동을 하고 있습니다. 그러나 본인의 목적을 달성하기 위해서는 살인도 마다하지 않는 등 수단과 방법을 가리지 않습니다. 또한, 공격 방법이 치밀하고 집요해서 상대방은 속수무책으로 당하게 됩니다.

현실의 소시오패스는 드라마보다 더 심각합니다. 2015년 수도권에 있는 대학 디자인학과 교수는 자신이 가르쳤던 제자를 2년간 폭행하고, 인분을 먹이는 엽기적인 행위를 자행했습니다. 그는 자신이 운영하는 회사에 피해자를 입사시킨 후 폭언을 시작으로 야구방망이로 폭행, 소변·인분 강제로 먹이기, 사무실에 감금하고 굶기기 등 차마 인간으로서는 상상하기 어려운 짓을 자행했습니다. 또한, 여러 가지 핑계로 피해자에게 대출받도록 강요하였고, 결국 피해자는 대출을 갚지 못해 신용불량자가 되었습니다. 교수는 피해자가 신고하거나 도망가지 못하도록 치밀하고 잔혹한 모습을 보였습니다. 지속적인 협박과 동시에 폭행의 흔적이 남지 않도록 구타할 때 주의했으며, 휴대전화를 빼앗고 감금까지 하였습니다. 피해자는 교수의 교묘한 가스라이팅에 조종되어 혼자 힘으로는 범행에서 벗어나지 못했습니다. 결국 주변 지인의 도움으로 끔찍했던 상황에서 간신히 탈출할 수 있었습니다.

학계에서는 소시오패스는 목표 의식이 뚜렷하고 수단과 방법을 가리지 않으므로 상류층 사람이 많다고 분석하고 있습니다. 그래서 그들을 화이트칼라 소시오패스라고 부릅니다. 소시오패스는 놀랍게도 인구의 4% 수준으로 100명 중 4명은 소시오패스일 가능성이 있습니다. 소시오패스 악당은 상대방을 도와주는 척하며 가스라이팅해서 피해자를 정신적으로 조종하기 때문에, 피해자는 혼자 힘으로 벗어날 수 없습니다. 그들은 유창한 언변과 사교술로 주변 사람들에게 인기가 있어 주변에서도 그들을 옹호하게 만듭니다. 이들의 가장 큰 특징은 현란한 말솜씨로 위기를 과장하고 사람들을 이간질합니다. 공격 대상이 여러분이라면 여러분만 모를 수 있습니다. 만약 다른 사람이 공격 대상이라면 여러분에게 이간질을 시도할 것입니다. 소시오패스 악당이 식별되었다면 이들이 여러분을 적으로 생각하지 않도록 해야 합니다. 친구인 척하며 적당한 거리를 두는 것이 아니라 친구라고 생각하게 만들어야 합니다. 여러분이 그들에게 이

익이 되는 한 안전합니다. 악당은 어디에서나 있으며, 피하고 싶
다고 피할 수 없습니다. 악당이 내 주위에 항상 있지만, 모를 수
있다고 생각해야 합니다.

악당의 공격 유형과
대응법

악당의 주 공격법은 악의적인 소문 만들기입니다

직장에서 여러분이 빈번하게 경험할 수 있는 악당의 공격 방법은 특정인에 대한 부정적인 소문이나 여론입니다. 소문이나 여론이 사실일 경우도 있지만, 특정인을 싫어하는 사람들이 악의적으로 과장하거나 왜곡하여 퍼뜨릴 때가 있습니다. 글쓴이도 경험했습니다. 갑자기 저에 대한 험담과 부정적인 사실들이 직장에 유포됩니다. 저는 멘붕에 빠집니다. 거짓말처럼 하루 만에 직장 동료들에게 비난받는 사람이 되었습니다. 피해자는 억울함과 분노가 반복되면서 정신적으로 흔들립니다. 해결 방법을 찾지만, 마땅한 방법이 없습니다. 이렇듯 악당이 자주 사용하는 방법은 피해자에 대한 악의적 소문 만들기입니다. 피해자는 자신도 모르는 사이 주변 사람들로부터 왕따가 됩니다. 피해자는 상당한 시간이 지나도 모를 수 있습니다. 결국, 피해자는 직장에서 중요한 평가를 받을 시기에 그런 소문을 듣게 됩니다. 피해자는 대응할 시간 없이 속수무책으로 당하기 마련입니다.

방어의 시작은 직장 내 소문 수집입니다

이런 공격에 대응하기 위해서는 평소에 직장의 소문에 관심을 가져야 합니다. 잘못된 여론이나 소문은 빨리 인지하는 것이 중요합니다. 빨리 대응해야만 확산하기 전에 막을 수 있습니다. 소문은 유포되면서 더 왜곡되고 과장되기 마련입니다. 시간이 지날수록 수습하기 어렵고 시간과 노력이 많이 소요됩니다. 소문을 수집하기 위해서는 인적 네트워크를 구축해야 합니다. 지리학에서 교통의 요지라고 정의하는 도시나 지역이 있습니다. 예를 들면 중세에 로마는 모든 길이 통하는 도시로 불리었습니다. 즉 어디를 가든지 반드시 지나가야 하는 도시였습니다. 이처럼 직장에서도 소문의 요지 같은 사람들이 있습니다. 평소에 소식통 역할을 하는 사람과 친분을 만들어야 합니다. 아니면 그들과 친한 동료가 있어도 도움이 됩니다.

소문의 근원지를 찾았다면 악당에게 직접 경고하며 잘못된 소문을 정정하라고 요구할 수 있습니다. 악당이 피해자의 강경한 대응에 당황하며 요구대로 할 수 있습니다. 그러나 경험적 관점에서 보면 악당들은 그 사실을 부인하거나 오히려 화내는 경우가 많습니다. 그럴 때는 악당과 언쟁하는 것은 좋은 방법이 아닙니다. 우선 효과가 없고, 악당이 또 다른 방법으로 공격할 빌미와 시간을 주기 때문입니다. 그럴 때는 먼저 차분하게 주변의 사람들에게 악당이 유포한 소문은 사실이 아니라고 알려야 합니다. 앞에서와 같이 소문 전파의 중심에 있는 소식통을 활용하면 효과적입니다. 이 과정에서 소식통을 통해 반드시 악당에게 전달해야 할 사항이 있습니다. 악당이 또다시 유언비어를 유포하면 악당도 피해를 각오해야 한다는 경고입니다. 사람은 고쳐 쓰는 존재가 아니라는 말이 있습니다. 악당은 더욱 개선되지 않습니다. 그래서 악당에게 악의적 소문을 유포하는 행위가 본인에게 피해를 줄 수 있다는 인식을 하게 해야 합니다. 악당은 본인의 손익 계산에 민감해서 본인의 이익을 위해 유언비어 유포를 자제할 것입니다.

문제는 여러분이 소문의 근원지를 찾지 못하는 경우입니다. 경험상 악의적 소문의 근원지를 찾는 경우는 거의 없습니다. 찾을 가능성이 거의 없어서 찾는 행위는 이익보다는 손해입니다. 시간과 에너지를 낭비하고 억울하고 분한 감정이 고조되어 정신적으로 흔듭니다. 그것이 바로 악당이 원하는 상황입니다. 그래서 차분하게 소문의 사실 여부를 확인하고 잘못된 내용을 주변에 알려야 합니다. 말은 쉽지만 어려운 일입니다. 우선 같은 편이 되어 줄 상사와 동료가 필요합니다. 혼자서는 효과적으로 대응하기 어렵기 때문입니다. 아무리 뛰어난 영웅이라도 현실에서는 다수의 악당을 혼자서 상대할 수 없습니다. 악당과 함께 싸울 사람은 뒤에 나오는 '동맹 만들기' 부분에 정리했으니 참고하세요.

실수가 있다면 변명 대신 사과로 해결해야 합니다

악당의 다른 공격법으로 대상자를 직접 공격할 때가 있습니다. 예를 들면 사람들 앞에서 공개적으로 지적하거나 대상자 앞에서 소리치며 모욕하는 방법입니다. 악당이 이런 공격을 하는 이유는 대상자가 빈틈을 보였기 때문입니다. 대상자는 매우 치욕스럽고 흥분되겠지만, 본인에게 이익되게 행동해야 합니다. 감정적으로 하고 싶은 말이 있겠지만, 이성적으로 행동해야 합니다. 만약, 대상자가 실수한 언행이 있다면 악당과 상호 언쟁하기보다 지적 사항을 차분히 청취하고 개선하겠다고 답변하는 것이 이익되는 언행입니다. 대상자가 본인의 실수나 잘못에 대해 구차하게 변명하면 악당에게 추가적인 공격의 빌미를 제공하는 것입니다. 현장에서 당황스럽고 창피하겠지만 "실수를 이해했고, 죄송합니다. 앞으로는 개선하겠습니다."라고 짧게 답변하면 추가적인 공격을 차단할 수 있습니다. 그런데도 악당은 같은 말을 되풀이하며 대상자를 몰아붙일 수 있습니다. 그렇더라도 감정을 드러내지 말고 단호하게 같은 내용으로 대답해야 합니다. 무슨 비난에도 같은 대답을 하면 됩니다. 추가적인 빌미만 주지 않는다면 10분 이상 같은 지적을 되풀이하기는 어렵습니다. 같은 지적이 지속하면 주변 동료들은 대상자를 응원할 것이며 악당을 비난하게 될 것입니다. 중요한 점은 차후에 같은 실수를 반복하지 않아야 합니다. 그래서 같은 사안으로 공격받지 않아야 합니다. 대상자가 같은 실수를 반복하지 않았음에도 악당이 비난을 되풀이한다면 주변 동료들은 대상자의 편에 있을 것입니다.

하지만, 이유 없이 질책이 계속되면 이것은 악당이 여러분을 무시한다는 신호입니다. 대상자를 괴롭히는 이유가 잘못 때문이 아니라 스트레스 해소 대상으로 여길 만큼 무시하기 때문입니다. 이 상황은 대응하기 매우 어려운 상황입니다. 대상자가 본인도 모르는 사이에 악당에게 무시당할 원인을 제공했다는 의미입니다. 핵심은 그 원인이 무엇인지 찾아야 합니다. 악당이 대상자를 무시하게 만든 원인을 바로잡아야 합니다. 신입사원이 반복되는 실수를 하게 되면 무시당하는 사례가 많습니다. 특히 반복되는 지적에 신입사원은 위축되고 소심해지는데, 이런 모습이 더 많은 무시를 유도합니다. 스스로 원인을 찾기 어렵다면 주변 동료에게 도움을 요청해야 합니다. 그래서 원인을 알게 되면 앞에서처럼 변명하지 말고 차분하게 "잘못을 확인했고, 개선하겠습니다."라고 해야 합니다. 차분하고 단호한 답변은 악당에게 무시 못 할 존재감을 줄 것입니다.

괴롭힘이 계속되면 당당하게 이유를 물어야 합니다

그런데도 이유 없는 공격이 계속된다면 마지막 대응 방법은 악당에게 경각심을 주는 것입니다. 마지막 대응법의 관건은 타이밍입니다. 악당의 공격이 논리적이지 못하고 감정에 치우친 순간을 선택해야 합니다. 경험상 악당은 습관처럼 대상자를 공격합니다. 그리고 대상자의 반발을 예상하지 못합니다. 이때 악당이 지적하는 내용의 오류를 논리적·객관적으로 설명합니다. 이어서 이렇게 자주 지적하는 이유가 무엇인지 직접 묻습니다. 악당은 습관적으로 비난을 반복했기에 갑작스러운 질문에 당황합니다. 대체로 아무 답변하지 못하고 주저주저하며 얼버무립니다. 악당은 그런 당황스러운 상황이 부담되어 앞으로는 조심하게 됩니다.

글쓴이의 경험에 따르면 악당은 습관처럼 부하를 괴롭힙니다. 그래야 업무 성과가 높아진다고 생각하기 때문입니다. 부하를 괴롭혀야 부하가 열심히 일한다고 생각합니다. 악당 때문에 사무실은 늘 긴장이 흐릅니다. 그래서 초반에는 악당의 생각처럼 성과가 있을 수 있습니다. 하지만, 협박이나 위협으로 만들어진 긴장은 오래 지속되지 않습니다. 시간이 지날수록 악당은 고립되고 실무자들은 단합하게 됩니다. 장기적인 관점에서는 칭찬과 격려가 중요합니다. 어쨌든 악당을 압박해서 경고하는 방법은 결국 대립하는 모습으로 인식됩니다. 따라서 이런 대응법은 최후의 수단으로 생각해야 합니다.

끝으로 악당이 대상자에게 이유 없이 많은 업무를 주기도 합니다. 만약 악당이 아닌 올바른 상사가 일을 준다면 그것은 대상자를 신뢰하기 때문입니다. 관리자는 중요하거나 긴급한 업무를 평소 신뢰하는 사람에게 주는 경향이 있습니다. 여러분이 중요하거나 긴급한 업무를 받았다면 상사에게 업무 역량을 인정받았다고 생각해도 됩니다. 실무자는 고생한 만큼 승진이라는 이익으로 보상받습니다. 다만 악당이 많은 일을 준다면 다른 의도가 있습니다. 악당은 대상자의 업무 능력을 이용하거나 괴롭히려는 목적으로 일을 줍니다.

일 잘하는 사람과 이쁜 사람은 다른 개념입니다. 직장에서는 '일을 잘하는 사람에게는 일을 주고, 이쁜 사람은 승진시킨다.' 라는 슬픈 명언이 있습니다. 둘 중 하나를 선택한다면 이쁨받는 사람이 되어야 합니다. 악당은 대상자가 만족할 만한 성과를 달성해도 대상자를 응원하지 않습니다. 그렇다고 실무자는 상사의 업무 지시를 소홀하게 생각하면 안 됩니다. 핵심은 부여된 업무를 충실히 수행하되 번아웃 되지 않도록 해야 합니다. 무엇보다 우리를 응원해 줄 사람에게 개인 성과를 지속해서 홍보해야 합니다. 일을 많이 주는 악당은 우리에게 도움 되는 일에는 관심이 없습니다. 그래서 악당에게만 올인해서는 안 됩니다.

동맹 만들기

학교에서 일진이 무서운 이유는 무리를 지어 다니면서 수적으로 열세한 인원을 괴롭히기 때문입니다. 아무리 용기 있고 육체적으로 강한 사람이라도 수적으로 밀리면 이길 수 없습니다. 드라마에서 영웅이 다수의 악당을 혼내주는 것은 드라마이기 때문입니다. 직장에서 악당들과 수적으로 불리한 상황에서는 혼자서 상대하지 말아야 합니다. 앞 장에서 언급했지만, 경쟁자는 법, 규정, 상식을 준수하는 사람입니다. 그들과는 혼자서 경쟁해도 됩니다. 그러나 악당은 상급자를 중심으로 무리를 만듭니다. 그들은 자주 어울리며 식사하거나 취미 활동을 같이합니다. 그런 과정에서 자신의 이익을 위해 여론을 조성하고 방해되는 인원을 험담합니다. 그들은 그런 행위가 정당하다고 생각합니다. 그런 그들과 우리는 공정하게 경쟁해야 합니다. 그래서 우리와 같은 가치관과 이익을 공유할 동료가 필요합니다.

인류의 역사는 집단과 집단의 경쟁입니다. 호모사피엔스는 다른 인류와 경쟁을 통해 그들을 멸망시켰습니다. 고대부터 현대 국가들의 흥망성쇠도 집단 간의 경쟁이었습니다. 지금도 민족, 종교, 자본, 국가라는 이름의 집단들이 생존을 위해 처절하게 싸우고 있습니다. 한 국가 내에서도 정치, 인종, 이념, 종교, 빈부, 성별, 나이 등으로 구분된 집단들이 이익을 위해 경쟁하고 있습니다. 강한 집단의 일원이 되려는 노력은 생존을 위한 본능입니다. 『손자병법』에 '적과 전쟁을 결정했으면 세勢를 형성해야 하며, 반드시 외부에서도 우리를 도울 수 있는 세를 만들어야 한다.'고 했습니다. 만약 방금 입사한 신입사원이더라도 강력한 세력의 일원이 되면 악당 공격을 원천적으로 차단할 수 있습니다.

다만, 악당에게 공격받는 사람이라고 모두 동맹의 일원이 될 수 없습니다. 동맹은 소외된 사람의 모임이 아니며, 불평과 불만을 공유하는 모임도 아닙니다. 공정하지 않은 악당의 행위에 분노하며 악당과 경쟁할 용기와 의지가 있는 사람이어야 합니다. 용기와 의지가 없으면 결단을 내려야 할 시기에 참여를 주저하게 됩니다. 오히려 동맹의 분위기를 침체시키고 악당에게 노출될 가능성이 큽니다. 동맹에 함께할 사람은 찾기 어렵고 그 수가 많지 않습니다. 특히 악당의 일원을 동맹으로 오해하면 동맹이 노출되므로 매우 신중해야 합니다. 동맹을 찾기 위한 중요한 기준은 이익입니다. 직장은 이익을 거래하는 장소라는 본질을 생각하면 찾을 수 있습니다. 다시 말하면 악당에게 이익을 위협받는 사람이 누구인지 살펴보면 됩니다. 자신의 이익이 위협받을 때 사람은 용기와 의지가 생깁니다. 동맹의 일원을 발견하면 네트워크를 만들기 위해 적극적으로 노력해야 합니다. 처음에는 어렵지만 동참한 사람의 추천으로 성장해 갈 수 있습니다. 동맹의 힘은 고위직이 많을수록 강력합니다. 직장의 이익 중에 가장 큰 이익은 승진이므로 고위직이 많으면 도움이 됩니다. 고위직이 많으면 실무자들은 자연스럽게 동맹에 참여하게 됩니다.

동맹에 부정적인 생각이 있을 수 있겠지만, 실제로 장점이 많습니다. 예를 들면 악당의 악의적 소문 유포로 어려움에 있을 때, 동맹은 여론 조성, 정보 공유, 근원지 식별 등 다양한 방법으로 도움을 줄 수 있습니다. 무엇보다 혼자가 아니라는 심리적

안정감을 주므로 흔들리지 않고 안정된 생활이 가능합니다. 평소에는 주요 현안에 관한 건전한 담론을 형성하고, 공정과 상식이 적용되는 직장 분위기를 조성할 수 있습니다. 동맹은 공정한 경쟁을 위해 악당으로부터 이익을 보호하는 방패 같은 것입니다. 동맹이 없다면 혼자서 대항하지 않아야 합니다. 혼자 싸워야 하는 상황이 온다면 차라리 불공정한 경쟁을 포기하고 기다리는 선택을 해야 합니다.

악당과
공존하기

악당과 대화할 때는 세심한 주의가 필요합니다

앞에서 설명했지만, 직장에서 악당을 식별하는 것이 중요합니다. 악당이 식별되면 악당과 적당한 거리를 두어야 합니다. 가까운 듯 먼 듯 지내야 합니다. 악당과 친하게 지내지 않아도 괜찮습니다. 다만, 악당이 우리를 적으로 생각하지 않게 해야 합니다. 악당은 이익 관계가 없는 사람과는 공존할 수 있어도 적과는 공존할 생각이 없기 때문입니다.

악당과 대화할 기회가 있다면 주의해야 할 점이 있습니다. 대화 소재가 취미, 취향, 종교·정치적 신념, 직장의 분위기 등이라면 악당에게 공감하거나 긍정적인 태도를 보이는 것이 좋습니다. 경험에 따르면 사람은 비슷한 성향의 사람을 싫어하지 않습니다. 특히 현대 사회처럼 다양한 이념과 가치가 혼재된 사회에서 가치관과 취향이 같은 사람을 만나기 어렵습니다. 악당도 본인이 좋아하는 소재로 대화할 수 있는 사람을 적으로 간주하지 않습니다. 악당에게 정신적으로 이익이 되기 때문입니다.

다음으로 말하기보다 악당의 이야기를 들으면서 추임새를 넣으면 좋습니다. 추임새는 단순합니다. "그래요?", "정말인가요?", "그래서 다음은 어떻게 하셨나요?" 순으로 반복하면 됩니다. 현대 사회 사람은 듣기보다는 말을 하고 싶어 합니다. 우리도 가족, 친구, 동료 중에 대화하기 짜증 나는 사람이 있습니다. 말하고 있는데 중간에 말을 가로채거나 끊는 사람은 짜증 나는 사람에 반드시 포함됩니다. 말을 중간에 끊는다는 의미는 상대방을 무시한다는 의미로 해석됩니다. 그래서 악당과 대화할 때는 절대 중간에 말을 끊어서는 안 됩니다. 비록 악당 이야기의 오류를 알려주려고 했더라도 악당은 무시당했다고 생각할 수 있습니다. 상대방의 이야기가 종료되거나 악당이 의견을 묻는 경우가 아니면 듣고 있는 편이 이익되는 방법입니다.

마지막으로 가장 중요한 점은 악당의 이야기를 평가하지 말아야 합니다. 사회에서 평가는 선생님과 학생, 상사와 부하 관계에서 발생하는 업무적인 절차입니다. 평가는 점수를 주는 일이고 가치를 부여하는 일입니다. 평가는 자발적으로 테스트에 참여해 시험을 치르고 받는 결과입니다. 자발적인 테스트라도 평가는 늘 만족스럽지 않습니다. 부모와 자식, 남편과 아내 관계에서도 평가 때문에 불화가 발생합니다. 그런 평가를 악당에게 하는 것은 선전포고와 같습니다.

악당이 평가를 요청할 때도 있습니다. 이때도 유념해야 할 교훈이 있습니다. '정직함에는 늘 고난이 따른다.'라는 말입니다. 법과 상식의 기준을 어기지 않는다면 세상에 모든 질문에는 정답은 없습니다. 정답이 있다면 상대의 이야기에 공감하는 답변입니다. 때로는 상대방의 질문이 법과 상식의 수준을 벗어나서 대답하기 곤란할 수 있습니다. 또는 요청한 질문에 대해 지식이 부족해 모를 수도 있습니다. 무슨 말을 해야 할지 몰라 당황스러운 상황입니다. 법과 상식의 기준에서 악당의 생각이 틀렸다고 할 수 있습니다. 모르는 질문에는 알지 못하는 내용이라고 답변할 수 있습니다. 물론 잘못된 답변이 아닙니다. 다만 참고할 점은 사람의 대화는 수학 문제가 아니라는 사실입니다. 논리적이고 객관적인 대화는 과학자에게 양보하세요. 대신 춤을 추기원하는 악당에게 무대를 제공하는 대화를 해야 합니다. 상대방은 이미 부르고 싶은 춤과 노래를 결정하고 무대에 올라왔습니

다. 우리는 준비된 춤과 노래를 편하게 할 수 있도록 격려하면
됩니다. 어려운 질문에 대한 답변은 단순합니다. 악당의 질문에
두루뭉술하게 제삼자 관점에서 답변하는 것입니다.

곤란한 질문은 제삼자 관점에서 두루뭉술하게 답변합니다

예를 들어보겠습니다. 직장에 대한 부정적 의견에는 "당신의
말씀에 충분히 공감합니다. 그런데 직원들 간에는 이런저런 여
러 의견이 있는 것 같습니다."라고 긍정도 부정도 하지 않는 것
입니다. 긍정하면 직장과 직원 비난에 동의하는 것이고, 부정하
면 악당과 대립하게 되므로 제삼자 관점에서 답변합니다. 동료
에 대한 비난은 "말을 들어보니 그런 생각을 할 수도 있겠습니
다. 그런데 직장에는 그 사람을 좋아하는 사람도 있는 것 같습
니다."라고 답변합니다. 만약 악당이 누군가를 비난하는 데 동
의하게 되면 악당은 그 누군가를 찾아가 여러분이 그를 비난했
다고 할 것입니다. 악당의 이간질은 너무 교묘하므로 타인을 비
난하는 말에 동의해서는 안 됩니다.

만약 악당이 정치·종교적 분야에 대해 의견을 묻는다면 "그
렇게 생각할 수 있습니다. 다만, 정치·종교적 문제는 사람마다
관점이 다양해서 의견 차이가 큰 것 같습니다."라고 합니다. 마

지막으로 개인 기호 및 취향에 관한 질문에는 "당신의 말씀이 매우 흥미롭습니다. 당신이 선택한 물건은 세련되고 당신을 젊어 보이게 합니다."라며 구체적인 칭찬을 포함하여 답변합니다. 기호나 취미에 관한 질문에 '다 좋다.'는 식의 답변은 성의가 없어 보일 수 있습니다. 요즘 유행어로 영혼이 없어 보입니다. 그래서 악당의 질문에 전혀 알지 못하더라도 '매력, 세련, 젊음, 단아함, 청아함, 섹시, 개성' 등 악당이 좋아하는 단어를 상황에 맞게 나열하면 좋습니다.

앞서 언급했듯이 사람의 관점은 잘 변하지 않습니다. 개인의 기호 및 취향은 이미 정해져 있습니다. 그런데도 타인에게 질문하는 이유는 '자신의 결정에 동의해 달라.'는 요청입니다. 솔직하게 자기 생각을 말하면 악당의 생각과 다를 가능성이 큽니다. 기호나 취향은 '옳고 그름'의 문제가 아닙니다. 두루뭉술하게 의견을 제시하면 악당은 신나게 자기 이야기를 이어 갈 것입니다.

악당은 이익되는 사람을 공격하지 않습니다

마지막으로 악당에게 이익이 될 수 있는 사람이라는 메시지를 주면 좋습니다. 앞에서 설명했듯이 상대방에게 이익이 되는 방법은 다양합니다. 예를 들어 우리가 악당의 관심 업무를 식별

했습니다. 우리가 관심 업무에 지식이 있다면 "업무에 대해 충분히 알고 있어서 제가 도움이 될 것입니다."라며 도움을 줄 수 있다는 메시지를 보냅니다. 만약 생소한 분야라면 "아직 경험이 없지만 관심이 많은 업무입니다. 업무가 성공할 수 있도록 정성껏 돕겠습니다."라며 악당의 생각에 동의하는 메시지를 주면 됩니다. 업무뿐만 아니라 부담 없이 대화하기만 해도 악당에게 이익이 될 수 있습니다. 악당의 업무 스타일, 기호, 취향, 취미 등을 알고 있다면 도움이 됩니다. 직장에서 대화 소재는 정치, 경제, 스포츠, 취미, 음식, 게임 등이 좋습니다. 평소 악당의 대화를 주의 깊게 듣고 행동을 관찰한다면 쉽게 알 수 있습니다. 악당이더라도 대화가 통하는 사람은 본인의 동료로 만들고 싶어 합니다. 우리는 악당의 대화에 공감을 표시하며 동참하기를 원한다는 메시지를 건네면 됩니다. '일 잘하는 사람은 일을 시키고, 이쁜 사람은 승진시킨다.'라는 격언을 잊지 마시기를 바랍니다.

적당한 빈틈 보이기

시기와 질투는 인간의 본능입니다. '사촌이 땅을 사면 배가 아프다.'라는 속담처럼 인간은 남이 잘되면 시기하고 질투합니다. 서양에도 '질투는 휴일이 없다.'라는 속담이 있고, 이 외에도 질투와 시기에 대한 격언은 한 번의 검색만으로도 수십 개를 찾을 수 있습니다. 인간은 상대방이 업무도 잘하고 외모도 본인보다 출중하면 본능적으로 시기하고 질투합니다. 상사도 인간입니다. 상사는 자신보다 뛰어난 부하를 좋아하지 않습니다. 자신의 의견에 부정적인 의견을 표출한 부하라면 더욱 그렇습니다.

인간은 약점을 보이지 않으려고 하는데, 그런 조심성이 지나치면 완벽주의로 발전하여 조금의 허점도 보이지 않으려고 합니다. 완벽한 사람은 부러움의 대상이 되기도 하지만 시간이 지날수록 인간미를 느낄 수 없어 멀어지게 됩니다. 실수하는 사람에게는 도와주고 싶은 연민을 느낍니다. 그래서 사소한 빈틈은 필요합니다. 예를 들면 옷을 입는 스타일이 구식이거나, 회식 중에 졸거나, 노래 부르다가 음정이 틀리거나, 게임에 꼴등 하는 그러한 빈틈입니다. 다만 약점이 될 만한 빈틈은 안 됩니다. 과도한 음주로 인사불성이 되거나 성추행으로 오해받을 언행 등은 약점입니다. 악당은 상대방이 자신의 통제 범위에 있기를 바랍니다. 악당이 빈틈을 발견하지 못한다면 처음에는 경계하다가 나중에는 적으로 간주할 수 있습니다. 악당에게 인간이라는 동질감을 보여 줄 수 있는 적당한 빈틈이 필요한 이유입니다.

악당이 만든
함정에 빠지지 않기

악당의 미끼를 함부로 물어서는 안 됩니다

동물들이 사람에게 포획되는 이유는 미끼에 유혹되어 사람이 원하는 장소로 이동하거나 덫에 걸리기 때문입니다. 능숙한 사냥꾼은 사냥하는 대상이 좋아하는 먹이, 향기, 장소 등을 미끼로 사용합니다. 사냥 대상이 좋아하지 않는 미끼는 가치가 없습니다. 악당도 본인의 목적을 이루기 위해 공격 대상에게 수시로 미끼를 던집니다. 공격 대상이 특정인이 될 수 있고, 불특정 다수를 대상으로 하기도 합니다. 악당이 사용하는 미끼는 직장인이라면 누구나 선호하는 승진, 금전, 선물 같은 물질적 이익이거나, 상사의 신뢰 같은 정신적 이익입니다. 친절과 배려라는 가면에 숨겨진 악당의 미끼를 물게 되면 악당이 만든 함정에 빠지게 됩니다. 그 미끼에는 조건이라는 덫이 있습니다. 악당이 제시하는 조건은 정상적으로는 처리가 제한되는 업무이거나 본인의 이익을 위한 활동에 참여하라는 요구가 많습니다. 예를 들면 직장 내 여론 조성이나 특정인에 대한 험담 같은 조건입니다. 한번 미끼를 물면 강제로 같은 배를 타게 됩니다. 악당은 상황이 불리하게 진행되면 우리에게 책임을 전가합니다. 그렇다고 악당의 요구를 반복적으로 거절하면 공격 대상이 됩니다.

함정을 잘 피해도 공격 대상이 됩니다

악당의 미끼를 자주 피하면 악당이 적으로 간주하므로 이마저도 좋은 선택이 아닙니다. 그래서 악당의 요구를 무조건 거절하지 말고 타협하는 지혜로운 대응이 필요합니다. 일단 법과 상식적으로 문제가 없는 미끼는 큰 문제가 없습니다. 대체로 친분을 만들기 위한 식사나 간단한 선물 같은 미끼입니다. 주의할 점은 그런 자리에서 규정에 어긋나는 선물이나 향응을 받으면 안 됩니다. 불법은 약점이 되어 어려운 요구를 거절하기 어렵게 합니다.

친분이 형성되면 악당이 청탁할 수 있습니다. 시작은 사소하지만, 여전히 불편한 청탁입니다. 예를 들면 개인의 정보나 내부

자료를 부탁하는 경우입니다. 여기부터가 어려운 결단이 필요합니다. 만약 사소한 부탁을 수용하면 악당은 더 큰 부탁을 합니다. 결국 걷잡을 수 없는 상황에 이르므로, 사소한 부탁부터 거절해야 합니다. 방법은 앞장에서 설명했듯이 악당의 부탁을 거절하는 이유는 악당에게 이익되기 때문이라고 설득하는 것입니다. 그리고 지금은 어렵지만, 상황이 좋아지면 노력하겠다는 여운을 항상 남겨야 합니다.

때로는 시간이 많이 소요되는 일을 요구하기도 합니다. 악당이 프로젝트의 책임자일 때 시간이 오래 걸리는 일을 지시하는 경우입니다. 이때는 악당에게 이익이 되는 다른 업무를 수행하지 못할 수 있다고 설명합니다. 악당에게 업무의 우선순위를 반문하는 것입니다. 업무 우선순위에 대한 선택을 악당에게 넘기는 것입니다. 어떤 선택이든 우리는 번아웃을 피하고, 선택에 대한 책임은 악당에게 있습니다. 늘 염두에 두어야 할 점은 동료와 소통하면서 악의적이고 왜곡된 소문이 돌아다니지 않게 해야 합니다.

약점으로 사용될 비밀 감추기

'기쁨은 나누면 질투가 되고, 슬픔은 나누면 약점이 된다.'라는 말이 있습니다. 평범한 사람에게는 맞을 수 있고 틀릴 수도 있겠지만, 악당에게는 100% 맞는 말입니다. 즐거운 사건을 공개하는 이유는 자랑하고 싶은 마음 때문입니다. 진심으로 우리를 아끼는 사람은 긍정적으로 생각하고 오해하지 않을 가능성이 큽니다. 우리의 자랑에 기뻐해 주고 축하해 줄 것입니다. 하지만 가족이나 친한 친구조차도 100% 그렇지 않습니다. 자랑은 인간의 본성을 자극하여 시기심과 질투를 유발하기 때문입니다. 슬픈 사건을 공개하는 이유는 답답한 마음을 털어버리거나 위로를 기대하기 때문입니다. 그러나 슬픈 사건의 공개는 가족에게도 조심해야 합니다. 그들은 우리의 의도와 무관하게 해결 방안을 찾으려고 하기 때문입니다. 그 과정을 통해 슬픈 사건은 빠르게 전파됩니다. 그래서 반드시 해결해야 하거나 불가피하게 공개해야 할 때가 아니면 마음속 금고에 넣어두어야 합니다. 누군가에게 털어놓고 싶다면 키우는 반려동물에게만 공개해야 합니다. 즐거운 비밀은 시기와 질투를 유발하지만, 슬픈 비밀은 치명적인 약점으로 바뀔 수 있기 때문입니다.

글쓴이의 개인 생각이지만, 비밀의 가치는 공개될 때 평가됩니다. 아무도 모르는 비밀은 아무도 몰라서 가치가 없습니다. 우리의 비밀은 우리 이외에 다른 사람이 모를 때 비밀입니다. 일단 공개되면 비밀이 아닙니다. 우리가 비밀로 분류했다면 아무에게도 공개하지 않아야 비밀입니다. 그런데 사람은 자랑과 위로 등을 이유로 믿는 사람에게 비밀을 공개하며 비밀 유지를 부탁합니다. 상대에게 말한 비밀의 공개 여부는 우리에게 있지 않고 상대에게 있습니다. 상대에게 비밀 유지를 당부하지만, 상대의 결정에 관여할 수 없습니다. 그런데 비밀을 알고 있는 사람은 다른 사람이 모른다는 생각에 우월감을 느끼게 됩니다. 우월감 다음에는 다른 사람이 먼저 공개할 것 같아 걱정합니다. 그 감정이 최대치에 오는 순간에 비밀은 또 다른 사람에게 공개됩니다. 마치 특종 경쟁처럼 그 가치를 먼저 알리고 싶어 합니다. 우리가 믿는 사람은 그렇게 우리의 비밀을 공개합니다.

악당은 우리의 비밀을 자신의 이익을 위해 사용합니다. 악당에게는 당연한 일입니다. 그래서 악당을 비난하는 대신 악당이 비밀을 알지 못하게 해야 합니다. 일단 비밀이 악당에게 공개되면 악당으로부터 우리의 이익을 지킬 방법을 찾아야 합니다. 우리가 악당에게 이익이 될 때는 악당은 자신의 이익을 위해 비밀을 지킬 것입니다. 하지만 악당이 원하는 이익은 수시로 변하므로 계속해서 제공하는 일은 불가능합니다. 그래서 비밀 공개가 이익이 될 때 우리의 비밀을 공개할 것입니다. 그래서 비밀, 특히 약점 비밀은 절대 아무에게도 공개하지 말아야 합니다. 우리가 "당신만 알고 있어."라며 공개한 비밀은 어느새 우리만 모르는 가운데 모든 사람이 알게 됩니다. 『손자병법』에 '패하지 않는 이유는 철저한 대비에 있다.'라고 했습니다. 내가 대비만 하면 패하지는 않는다는 말입니다. 숨어있는 악당까지 생각하면 비밀 공개는 더욱 주의해야 합니다. 악당에게 상처받아 슬퍼하지 않도록 비밀과 약점은 스스로 보호해야 합니다.

06

직장생활
내공 키우기

성공을 위한
정신적 힘과 기술이 내공

감당하지 못할 재능과 금전은 오히려 독毒이 됩니다

재능과 지능이 뛰어나 부러움의 대상이었던 천재가 어느 날 갑자기 범죄자가 되는 사례를 볼 수 있습니다. 범죄자가 된 천재는 회사 CEO, 스포츠 스타, 연예인 등 사회 모든 분야에서 찾을 수 있습니다. 2022년 스탠퍼드 출신의 사업가 엘리자베스 홈즈는 사기죄로 징역 11년을 선고받았습니다. 그녀는 미국의 바이오 벤처기업 '테라노스'를 창업한 촉망받는 사업가로 극찬을 받았지만, 그녀가 개발한 질병 진단 장비는 사기로 밝혀졌습니다. 스포츠 스타는 약물이나 승부 조작에 연루된 사건이 많습니다. 연예인은 음주운전 사건이 가장 많습니다. 그들은 음주운전을 가볍게 생각하는 경향이 있다고 합니다. 음악 평론가 강태규 씨는 "1990년대 이후 음주운전, 마약, 폭행, 도박 등 범죄를 저지른 연예인이 300여 명이며, 그중 음주운전이 70%로 가장 많다."라고 했습니다.[28] 음주운전으로 인해 일부 연예인은 강제로 은퇴하기도 합니다. 천재성이 없었다면 평범하게 살았을 삶인데 감당하지 못할 재능이 사람의 인생을 망치는 결과를 초래한 것입니다.

평범한 사람이 갑작스러운 행운 때문에 인생이 망가지기도 합니다. 로또는 많은 사람이 인생 역전을 기대하며 구매하는 복권입니다. 그런데 거액에 당첨된 사람이 당첨금을 사용하는 과정에서 평범했던 삶이 비극적으로 끝나기도 합니다. 보스턴 대학 제이 자고르스키 교수에 따르면 로또 당첨자 3분의 1은 재산을 모두 탕진하고 파산한다고 합니다.[29] 갑작스러운 거액은 가족과 갈등을 유발하여 이혼, 살인 등의 비극을 초래할 뿐만 아니라 당첨자는 도박, 사치 등으로 파산한다는 것입니다. 또한, 하버드 대학 심리학자 대니얼 길버트 교수는 로또에 당첨된 사람들을 추적한 결과 로또가 주는 행복의 효과는 평균 3개월이었다고 밝혔습니다.[30] 평범한 사람에게 갑자기 거액이 생기면

28 이데일리, '1년 쉬다 나오지 뭐' 음주운전 가볍게 생각하는 연예인들, 2018.4.6.
29 매일신문, '희극 출발 비극 엔딩' 로또가 낳은 안타까운 파국, 2020.5.8.
30 중앙선데이, 로또 당첨 행복 '약발'은 석 달, 2017.12.31.

평범했던 일상에서 벗어나 오락과 향락, 쇼핑에 빠지게 됩니다. 그로 인해 지출이 증가하여 거액을 모두 소비하게 되지만, 과소비 습관 때문에 평범했던 생활로 돌아오지 못한다고 합니다. 오히려 천만 원 이하 복권에 당첨된 사람은 안정된 생활을 유지한다고 합니다. 그래서 예로부터 돈 버는 일보다 쓰는 일이 더 어렵다는 말이 전해지고 있는 것 같습니다.

성공한 사람이 비극적인 삶의 결말을 피하려면 성공을 감당할 정신적인 힘과 기술이 있어야 합니다. 직장에서도 성공한 직장인이 되려면 이를 감당할 정신적인 힘과 기술이 필요합니다. 글쓴이는 그런 정신적 힘과 기술을 내공이라고 부릅니다. 중국 무술에서 내공은 '내부의 기운을 강화해 나오는 내적인 에너지'를 말하는데, 내공이 쌓이면 높은 수준의 무술을 익히게 도와줄 뿐만 아니라 적 공격의 충격을 최소화합니다. 동양에서뿐만 아니라 서양에서도 포스, 마나 등으로 불립니다.

내공은 업무의 효율을 배가하고, 강한 정신력을 갖게 합니다

직장에도 업무 능력을 극대화하고, 스트레스를 견디게 하는 직장인의 내공이 있습니다. 내공은 직장 적응을 돕고, 업무의 효율성을 높이며, 어려움을 극복하는 전략을 제공합니다. 또

한, 직장생활의 개념과 이치를 이해함으로써 직장의 어떤 희노
애락喜怒哀樂 사건에도 자신을 관리할 수 있는 강한 정신력을 갖
게 합니다. 내공 없는 직장인이 고위직으로 승진하거나 중요한
업무를 맡으면 오히려 문제가 발생합니다. 내공 없는 직장인에
게 감당하지 못하는 직위와 행운은 오히려 독毒이 되는 것입니
다. 직장은 서로의 이익을 두고 치열하게 경쟁하는 곳이므로 직
장인이 생존하고 성장하려면 업무 효과를 높이는 요령과 타인
의 언행에 흔들리지 않는 정신력이 필요합니다. 상대의 압박을
견디고 허풍을 구분할 수 있어야 하며 이익되는 사람과는 원만
한 관계를 형성해야 합니다. 내공이 약하면 타인의 언행에 영향
받아 우리의 이익을 고려하지 못하고 타인에 의도대로 결정하
게 됩니다. 특히, 힘들고 어려운 시기에는 불법적인 유혹에 쉽게
걸려들 수 있습니다. 그래서 내공 쌓기는 선택이 아니고, 필수입
니다.

　내공은 경험을 통해 쌓기도 하고 책에서 배울 수도 있습니다.
남자들은 군대에서 강제로 단체생활의 내공을 배웁니다. 다만
한국 사회가 산업화로 핵가족화되고, 인구수 감소 등의 이유
로 내공을 쌓을 기회와 기간이 줄었습니다. 그 결과 정신적 질
병으로 힘들어하는 사람들이 증가했습니다. 예를 들면 우울증
때문에 군 복무 면제를 받은 대한민국 청년들이 10년 동안 10

배가 증가한 것으로 확인되었습니다.[31] 대한민국 남성들은 정해진 기간에 병무청 병역판정검사를 받습니다. 그런데 2013년부터 2022년까지 우울증으로 신체 등급 4~5급 판정을 받은 수검자 규모가 223명에서 2,150명까지 증가한 것입니다. 인구수 감소로 병역판정검사 수검자 규모가 36만여 명에서 24만여 명으로 30% 감소할 것을 고려하면 더 심각한 상황임을 알 수 있습니다. 글쓴이가 제시하는 직장인의 내공 쌓기를 읽어보시면 직장의 내공이 무엇인지, 어떻게 키우는지 이해하실 수 있습니다. 직장생활 내공을 이해하면 직장의 만족도와 성취가 높아질 것을 확신합니다.

---

31 SBS뉴스, '우울증' 군 현역 복무 면제 10년 새 10배 늘었다, 2023.8.23.

나를 아는 것이
내공 쌓기의 출발점

알고 있는 것과 아는 것처럼 착각하는 것을 구분해야 합니다

소크라테스는 "너 자신을 알라."라는 말을 즐겨 했습니다. 소크라테스가 최초로 말한 것이 아니라 그리스 신전 내부에 새겨져 있던 말이라 합니다. 사람들은 '자신의 무지를 철저히 깨닫고 겸손한 자세로 참된 지혜를 배우라.'는 의미로 해석합니다. 글쓴이는 그것에 더해 직장인에게는 다른 의미가 있다고 생각합니다. 문구 그대로 나에 대해 더 많이 알아야 한다는 것입니다. 공자께서는 아는 것을 안다고 하고 모르는 것은 모른다고 하는 것이 앎이라고 하셨습니다. 30년 직장생활의 결론 중 하나는 직장인은 생각보다 자신을 정확히 모른다는 사실입니다. 심리학에 '메타인지Meta認知'라는 용어가 있습니다. 자신이 실제로

알고 있는 것과 알고 있다고 착각하는 것을 파악하는 능력을 의미합니다. 알고 있다고 느끼면서 설명할 수 있으면 지식이지만, 알고 있는 것 같은데 설명하지 못하면 가짜 지식이라고 합니다. 예를 들어 자동차를 매일 사용하므로 자동차를 잘 알고 있다고 생각하지만, 자동차가 고장 나면 우리는 정비소에 갑니다. 마찬가지로 사람은 세상에서 자신을 제일 잘 안다고 생각하고 있지만, 자신을 설명하라고 하면 자신 있게 설명하지 못합니다.

자신의 강점을 이익으로 키워야 합니다

직장인에게 자신을 아는 것은 중요합니다. 자신을 알아야만 직장에서 효율적으로 이익을 거래할 수 있습니다. 차량의 현 위치를 알게 해주는 GPS 때문에 목적지를 찾아가는 것과 같은 원리입니다. 또한, 전자기기를 구매 후 매뉴얼을 읽는 것과 유사합니다. 매뉴얼에 익숙한 만큼 전자기기를 효율적으로 사용할 수 있습니다. 직장인으로서 '직장에서 성공하기'라는 게임에 참여 중이라고 가정해 보겠습니다. 게임 캐릭터의 능력과 획득한 아이템을 알아야 생존할 수 있습니다. 글쓴이가 생각하는 직장에서 알아야 하는 내 특성과 그것이 어떻게 활용될 수 있는지 정리해 보았습니다.

- 강·약점, 장·단점 ⇒ 내 가치와 역량 키우기
- 기호, 취미, 취향 ⇒ 인적 네트워크를 만들 수 있는 자산
- 인생 목표, 경제적 여건, 성장 환경 ⇒ 목표 설정의 이유, 배경

강점과 장점은 비슷해 보이지만 다른 의미입니다. 강점은 '남보다 우세하거나 더 뛰어난 점'입니다. 장점은 '본인이 생각할때 좋거나 잘하는 긍정적인 점'을 의미합니다. 요약하면, 강점은 타인과 비교해서 우월한 점을 의미하고, 장점은 본인이 생각하는 좋은 점을 의미합니다. 예를 들면 육상선수는 다른 운동선수보다 달리기에 강점이 있습니다. 반면에, 본인이 외향적이고 긍정적이라고 생각하고 있으면 장점이 됩니다. 약점과 단점도 유사합니다. 약점은 '모자라서 남에게 뒤떨어지는 것'을 의미하고, 단점은 '잘못되고 모자란 점'을 의미합니다. 미국 회사에 근무하는 사람이 동료보다 토익점수가 낮다면 약점입니다. 영업업무 종사자가 내성적인 성격을 고쳐야 한다고 생각하면 단점이 됩니다.

강·약점, 장·단점에 대한 이해는 직장인에게 중요합니다. 피터 드러커는 여러 권의 저서에서 '성공하기 위해서는 약점을 보

완하기보다 강점 강화에 노력하라.'고 했습니다. 강점이 원하는 이익을 만들기 위한 핵심 요소라고 강조했습니다. 직장인이 자신의 강·약점, 장·단점을 정확히 인식한다면, 약·단점을 보완할 노력을 강·장점 강화에 사용할 수 있습니다. 글쓴이도 피터 드러커의 주장에 공감합니다. 예를 들어 직장인이면 누구나 약점과 단점이 있습니다. 상사도 약점과 단점이 있으므로 실무자의 약점과 단점을 자연스럽게 이해합니다. 그래서 약·단점은 관심거리가 아닙니다. 반면, 강점은 직장에서 주목받을 수 있는 이유가 됩니다. 뛰어난 영어 실력, 선수 수준의 운동 능력, 탁월한 보고서 작성 능력은 승진과 대인관계에 좋은 영향을 줍니다. 스스로가 생각하는 장점이 있다면 상대에게 제공할 수 있는 좋은 이익이 됩니다. 그 외 자신의 다양한 특성을 자세히 적어보세요. 타인과 비교하지 말고 떠오르는 내용을 기록하면 좋습니다. 기호, 취미, 취향은 직장에서 친구, 동맹, 인맥을 만들 수 있는 소중한 자산이 됩니다. 인생 목표, 경제적 여건, 성장 환경 등은 우리가 직장에 원하는 이익과 왜 그런 이익을 원하는지 알 수 있는 배경 자료를 제공합니다. 컴퓨터 게임은 원할 때 다시 시작할 수 있지만, 인생 게임은 다시 시작하는 기능이 없습니다. 그래서 나에 대해 신중하게 알고 시작해야 합니다.

내 목표와 이익을 빨리 알아야 합니다

글쓴이는 육군사관학교 입학 후 몇 주 지나서 화랑 의식이라는 행사에 참여했습니다. 매주 1회 육군사관학교 모든 생도가 연병장에 모여 그 주를 마무리하고 다음 주를 준비하는 뜻깊은 행사입니다. 행사 지휘자는 4학년 생도이며 직위를 '연대장 생도'라고 불렀습니다. 푸른 연병장에 천여 명의 생도를 지휘하는 모습이 너무 멋지게 보였습니다. 지금은 1학년이지만, 3년 후에 연대장 생도를 꼭 하겠다는 마음을 가졌습니다. 다만, 연대장 생도는 전·후반기에 교체되므로 동기생 중의 2명만 할 수 있었습니다. 또한, 생도들의 투표가 아닌 육군사관학교 지휘부가 결정하므로 운도 필요했습니다. 일단 선배에게 자격 요건을 물어보니 성적, 체력 등도 중요하지만, 넓은 연병장에서 지휘해야 하므로 목소리가 중요하다고 했습니다. 그때부터 매일 아침 연병장에서 소리치기 시작했습니다. "부대 차렷!", "열중쉬어!", "앞으로 갓!", "뒤로 돌아!" 등 화랑 의식에 사용되는 구령[32]을 연습했습니다. 그 연습은 3년 동안 한 번도 쉬지 않았습니다. 3학년 2학기 말에 갑자기 지휘부에서 호출받았습니다. 연대장

---

32 여러 사람이 일정한 동작을 일제히 취하도록 하기 위하여 지휘자가 말로 내리는 간단한 명령. 주로 단체 행동에서 사용한다.

생도를 선발하기 위한 면접이었습니다. 글쓴이보다 성적과 체력이 우수한 생도들이 있었습니다. 하지만, 목소리는 글쓴이가 가장 크고 우렁찼습니다. 그 결과 글쓴이는 4학년 1학기에 연대장 생도를 할 수 있었습니다.

내가 원하는 이익을 빨리 알면 경쟁자보다 유리합니다. 물론, 이익을 아는 것에 그치지 않고 이익에 집중해야 합니다. 이익에 집중하는 시간이 많아질수록 경쟁자와 격차는 증가합니다. 직장생활을 해보니 희망하는 목표와 이익을 모르는 사람이 많습니다. 더 안타까운 점은 모르고 있으면서도, 궁금해하지 않습니다. '어떻게 되겠지!'라는 마음으로는 아무것도 얻을 수 없습니다. 50년 넘게 살아보니 자연스럽게 다가오는 행운은 거의 없습니다. 분명한 목적을 설정하고 꾸준히 노력해야 간신히 원하는 이익을 얻을 수 있었습니다. 그리고 내 목표와 이익을 찾고 획득하는 데 걸리는 시간은 단순 뺄셈의 계산이 아닙니다. 찾는데 1년 늦으면 얻는 데는 경쟁자보다 10년 늦을 수 있고, 3~4년 늦으면 평생 기회가 오지 않을 수도 있습니다. 물 들어올 때 노를 저어야 하고, 바람이 불 때 날아야 하며, 버스와 기차는 멈추었을 때 탑승해야 합니다. '내 목표와 이익을 모르겠는데 어쩌라고!' 하지 말고 더 늦기 전에 독서, 여행, 멘토와 대화 등을 통해서 빨리 찾기를 바랍니다.

직장생활
기본기 쌓기

직장에 정보 수집의 안테나를 세워야 합니다

어두운 밤에는 잘 보이지 않아 무엇에 부딪힐까, 걱정합니다. 안개가 많이 낀 아침에 운전할 때는 가시거리가 짧아 무조건 속도를 늦춰야 합니다. 눈을 감고 걸으면 몇 발짝 걷지 못하고 본능적으로 눈을 뜨게 됩니다. 모두 앞이 보이지 않아서 불안하기 때문입니다. 직장은 내 이익과 상대의 이익을 두고 치열하게 거래하는 시장입니다. 그런데 눈에 사람들이 보이니 거래를 위한 정보를 다 알고 있는 듯 느껴집니다. 하지만 거래하려 하니 알고 있는 정보가 없습니다. 최근 부서의 실적, 부서의 현안, 상사와 동료의 관심 사항, 경쟁 업체의 분위기 같은 정보는 전혀 알지 못합니다. 마치 카지노에서 카드를 쥔 상대는 보이는데 상대가 무슨 카드를 가졌는지, 속셈은 무엇인지 알지 못하는 것과 같습니다. 우리는 알고 있는 것 같지만 모른다는 사실을 인정해야 합니다.

직장인이 업무에 매몰되거나 상대에게 관심이 없으면 이익 거래에 필요한 기본 정보에 소홀합니다. 알고 있는 것 같은데 알고 있는 것이 없습니다. 직장에 가득한 무지無知의 안개를 인식하지 못합니다. 눈으로 보이는 상사, 동료, 업무 자료 등은 정보가 아닙니다. 반드시 알아야 하는 정보는 직장의 사업전략 및 역점 사업, 상사와 동료의 업무 스타일, 고위직 인사, 직장의 업무 환경 등 눈으로는 볼 수 없는 정보입니다. 그런 정보는 직장생활에 막대한 영향을 미치고 우리가 원하는 이익에 변화를 줍니다. 특히 1~2차 상사의 업무 스타일과 관심 분야, 업무와 관련된 대내·외 기관·부서의 최근 동향 등은 우리의 이익과 직접 연관된 중요 사항입니다.

필요한 때에 중요한 정보를 알아야 하지만 누가 거저 가져다주지 않습니다. 국가는 평시 전쟁을 대비하기 위해 적국에 대한 영상 정보, 신호 정보, 인간 정보, 지형 정보를 수집합니다. 이를 위해 인공위성, 정찰기, 정보원, 감청 장비 등 다양한 수단을 반복적으로 운영합니다. 특히 감청을 위해서는 전파 수집용 안

테나를 여러 장소에 설치합니다. 마찬가지로 우리도 필요한 정보를 얻기 위해서는 정보의 접근과 소통에 익숙한 사람과 친해야 합니다. 한 명이 아니라 여러 명 있어야 합니다. 교통의 요지처럼 정보의 요지에 있는 사람을 식별하여 평소 친분을 쌓아야 합니다. 평소 친분이 있어야 중요한 순간에 도움이 됩니다. 필요한 시기에 도움을 요청하면 이미 늦었고, 친분이 없었기에 필요한 정보를 얻지 못합니다.

『손자병법』 최종 13편은 용간用間이라고 불리는 정보원 운용 내용입니다. 손자는 정보원을 향간鄕間, 내간內間, 반간反間, 생간生間, 사간死間 등 다섯 종류로 분류했습니다. 향간은 적의 마을 주민, 내간은 적의 관료, 반간은 적의 간첩, 생간은 적지에서 귀환하는 정보원, 사간은 적에게 거짓 정보를 전하고 사망하는 정보원을 의미합니다. 사람 아니면 적의 정보를 획득하기 어려웠던 시대에 탁월한 전략이라 할 수 있습니다. 정보 획득은 낯설고 불편하며 실제 실행하기 어려울 수 있습니다. 당연한 일이므로 걱정하지 않아도 됩니다. 다만 직장생활을 시작할 때부터 퇴직하는 동안 항상 직장에 덮인 무지無知의 안개를 걷어내는 노력이 필요하다는 것을 기억하면 됩니다. 그런 관심은 자연스러운 행동으로 이어져 실질적인 도움을 줍니다.

본 것은 본 것으로, 들은 것은 들은 것으로 대화해야 합니다

같은 장소에서 같은 상황을 목격했음에도 서로 다르게 이해하는 사례가 있습니다. 예를 들어 상급자 지시 사항을 실무자들은 각자 다르게 해석합니다. A는 상급자가 즉시 실행할 것을 지시했다고 하는데, B는 실행 여부를 검토해 보라고 했다고 합니다. 즉시 실행과 검토의 차이는 시간상 간격이 발생하므로 중요한 변수입니다. 때로는 그런 지시를 받은 적이 없는데, 상급자는 지시했다며 호통치고 짜증을 냅니다. 이런 경험을 해보신 분들은 매우 황당하고 억울했을 것입니다. 사람의 기억은 정확하지 않다고 학자들은 말합니다. 여러 가지 요인으로 왜곡되고 망각 될 수 있다고 합니다. '확증편향Confirmation bias'이라는 심리학 용어가 있습니다. 가설의 진위를 판단하거나 문제를 해결할 때 자신의 신념과 일치하는 정보만을 취하고 상반되는 정보는 무시하는 무의식적 사고 성향을 의미합니다. 다르게 말하면 본인이 원하는 것만 보고 듣는다는 말입니다. 그래서 우리는 자신의 기억을 믿으면 안 됩니다. 본인이 정확히 듣지 못했을 가능성, 보았더라도 기억하는 과정에서 왜곡되었을 가능성을 염두에 두어야 합니다.

이해하기 어렵지만, 직장생활을 오래 한 사람과 소통이 더 어

렵습니다. 신입사원은 설명하면 그대로 실행하는 반면, 오래 근무한 직원은 자기 경험으로 재해석하여 다른 결과물을 가져옵니다. 그래서 고인물 직원과 대화할 때는 구체적이고 세밀하게 설명해야 합니다. 이런 불편을 해소하기 위해서는 보고 들은 내용을 그대로 메모해야 합니다. 특히, 업무와 관련된 개인의 아이디어, 의견 같은 내용은 반드시 개인 생각이라고 표기해야 합니다. 그리고 대화할 때는 메모를 근거로 대화하되 개인 생각은 구분해서 설명해야 합니다. 만약 메모가 없는 상황에서 상대방과 해석 차이가 생긴다면 '기억이 틀릴 수 있겠구나!'라고 생각할 수 있어야 합니다. 정확한 내용은 다른 동료에게 확인할 수 있습니다. 현장에서 해석 차이를 확대하지 말고 확인이 필요하다는 수준에서 마무리해야 합니다. 특히 상사와 해석 차이가 발생하면 상사의 주장에 동의해야지 굳이 목소리를 높일 까닭이 없습니다. 해석 차이는 자연스럽게 확인될 것이며 확인되지 않을 때도 해석 차이에 대한 책임은 상사에게 있기 때문입니다.

"본 것은 본 대로 보고하라. 들은 것은 들은 대로 보고하라. 본 것과 들은 것을 구별해서 보고하라. 보지 않은 것과 듣지 않은 것은 일언반구도 보고하지 말라."

위 단락은 김훈의 소설 『칼의 노래』에서 이순신 장군이 정보원에게 강조한 말입니다. 이순신 장군은 한 번도 패하지 않은 명장입니다. 그 이유는 적의 움직임을 낱낱이 파악하여 항상 이길 수 있는 전투만 했기 때문입니다. 적의 정보를 정확히 알수 있었던 배경에는 정보원이 본 것과 들은 것조차도 구분하도록 세밀하게 확인했기 때문이라고 생각합니다. 우리의 기억을 믿지 말고 본 것과 들은 것을 메모해서 소통하시기 바랍니다.

메모의 본질은 지워나가기에 있습니다

메모는 학생 시절부터 익숙한 행위입니다. 학생 때는 노트필기라고 부르며 수업 내용, 핵심 단어, 선생님 말씀 등을 적었습니다. 교과서와 참고서를 열심히 공부해도 노트필기가 없으면 만점 받기 어려웠습니다. 특히 시험 전날까지 공부하지 않아도 공부 잘하는 친구의 노트필기를 외우면 평균 이상의 점수를 받을 수 있는 해결사 같은 존재였습니다.

직장에서도 상사의 지시나 지침은 업무의 방향을 찾아가는 나침반과 같습니다. 그래서 직장인은 열심히 메모합니다. 상사의 말이 시작되면 '적어야 생존한다.'라는 말처럼 머리를 숙이고 열심히 메모합니다. 받아 쓸 내용이 없으면 동그라미, 별을 그리면서 메모하는 척합니다. 그런데 글쓴이가 경험해 보니 초보자는 메모를 열심히 하지만, 활용은 효과적으로 못 합니다. 이유는 메모를 적기는 하는데 지우지 않기 때문입니다. 받아 적기만 했을 뿐 활용하지 못하고 잊어버립니다. 실무자에게 이유를 물어보았더니 바빠서 읽어볼 시간이 없었다고 합니다.

그러나 메모의 본질은 적는 데 있지 않고 지우는 데 있습니다. 완료되었거나 중요도가 떨어지는 메모는 신속히 삭제해서 업무의 집중도를 높여야 합니다. 한 번에 많은 업무를 하는 소위 '멀티태스킹'은 집중력을 분산시켜 노력 대비 성과가 저조합니다. 메모를 정리하여 우선순위에 따라 한 개씩 지워 가야 효과적입니다. 수시로 메모를 넘겨보면서 지워나가되 끝까지 남아있는 메모는 장기과제로 분류하거나 다시 메모해서 오늘 날짜의 수첩에 다시 기록해야 합니다. 메모 기술은 시중의 책과 동영상에 기술되어 있어 생략합니다. 그런 책과 동영상이 보기 귀찮다거나 실천이 되지 않는다면 한 가지만 기억하세요. '기록된 메모는 무조건 지워야 가치가 있다.'

문제는 열린 마음으로 해결됩니다

맥아더 장군이 쓴 「자녀를 위한 기도문」에 '참된 지혜는 열린 마음에 있음을 알게 하소서.'라는 구절이 있습니다. 글쓴이가 너무 공감하는 구절입니다. 분야와 무관하게 권위자라면 삶에 깊은 통찰력을 준다는 말을 이해하게 합니다. 글쓴이는 직장생활 30년이 지나서 진정한 지혜는 본인의 재능이 아니라 경청에 있음을 배웠습니다. 직장은 매 순간 판단하고 결정해야 하는 장소입니다. 특히 리더는 직장의 생존과 관련된 중요한 결정을 합니다. 리더의 잘못된 결정은 직장의 생존까지 영향을 미칩니다. 그러나 리더가 다양한 경험과 전문성이 있더라도 모든 문제에 정답을 알 수 없습니다. 아무리 유능해도 한 사람이 모든 일을 처리할 수 없습니다. 지혜로운 해결책은 전문가와 실무자의 의견을 청취하는 것입니다. 중요한 일을 결정하기 전에 전문가와 실무자의 의견 청취는 리더의 선택이 아닌 필수입니다.

글쓴이가 직장생활에서 부담스러워했던 세 가지 업무가 있습니다. 새로운 기획 업무, 즉시 시행해야 하는 긴급 업무, 예상 못한 사고에 따른 대응입니다. 처음에는 혼자서 고민했지만, 답을 찾지 못한 채 시간을 낭비했습니다. 지금은 전문가와 각 분야 실무자의 의견 청취를 즉시 합니다. 그들과 대화하면 좋은 아이디어와 해결책이 발견됩니다. 특히 전문가는 꼭 참여해야 합니다. 1명의 전문가는 1,000명의 비전문가보다 중요한 역할을 합니다. 주관자는 어떤 의견도 반박하면 안 됩니다. 성과 있는 토의가 되려면 각자의 권리와 책임을 지켜주어야 합니다. 참여자는 자신의 의견을 말할 권리가 있습니다. 주관자는 의견을 들어야 할 책임이 있습니다. 다만, 의견 청취 후 최종 결정은 주관자의 권리입니다. 주관자가 개인의 주관으로 참여자의 말할 권리를 제한해서는 안 됩니다. 주의할 점은 질문은 가능하지만, 평가하면 참여자는 위축됩니다. 그런 회의를 통해 놀라운 사실을 배웠습니다. 문제 해답의 실마리가 때로는 그 분야 전문가가 아니라 다른 분야 전문가에게서 온다는 사실입니다. 예를 들어 군수軍需 분야 문제점을 해결하기 위해 군수 실무자 외에도 인사, 정보, 작전, 재정, 통신 등 각 분야 실무자가 참여합니다. 많은 경우 군수 실무자가 해결책을 제시하지만, 때로는 다른 분야 실무자가 창의적인 아이디어를 제시하기도 합니다. 군수 실무자는 전혀 알지 못한 정보에서 해결책을 찾은 것입니다. 만약 군수 분야 실무자만 있었다면 찾지 못했을 방법입니다. 열린 마음으로 의견을 청취하면 추가 장점이 있습니다. 회의에 참석한 사람은 참석하지 않은 사람과 비교 시 적극적으로 문제해결에 협조합니다. 비록 본인의 의견이 반영되지 않았지만, 의견을 개진한 사실만으로도 협조를 유도하는 효과가 있었습니다.

불교 경전 중 하나인 《열반경》에 '맹인모상盲人摸象'이라는 사자성어가 있습니다. '장님이 코끼리를 만진다.'는 뜻입니다. 일부분만 아는 사람이 전체를 아는 것처럼 생각하는 어리석음을 비유한 말입니다. 리더가 큰 실수를 피하려면 본인도 틀릴 수 있다고 생각해야 합니다. 실제로 틀릴 가능성도 큽니다. 때로는 생뚱맞은 의견이 나오더라도 리더는 지적하지 않고 들어야 합니다. 의견 제시를 적극적으로 권유하고 칭찬하면 자연스럽게 보석 같은 아이디어가 나옵니다. 리더는 그중에서 필요한 것들만 취사선택하면 됩니다. 대부분 사람은 자신이 만진 코끼리 부위만 단편적으로 설명합니다. 하지만, 단편적 지식을 모두 모으면 완전한 코끼리를 그릴 수 있습니다.

직장은 살아있는
생물生物

사람은 살아있는 생명체이지만, 직장은 단순한 사람의 집합입니다. 사람이 모여 집단을 이룬다고 직장이라는 새로운 생명체가 탄생하지 않습니다. 그런데 직장이 생물처럼 살아 움직이는 것 같습니다. 그것도 마음을 짐작할 수 없는 소시오패스처럼 느껴집니다. 왜 그런지 경제와 정치에서 이유를 찾아보겠습니다.

시장은 개인이 물건이나 용역을 거래하는 장소입니다. 그런데 국부론의 저자 애덤 스미스는 '시장은 사람의 통제를 벗어나 스스로 움직이는 보이지 않는 손'이라고 했습니다. 그는 시장이 수요와 공급에 따라 살아있는 생물처럼 움직이기 때문에 가장 이상적인 거래 결과를 가져온다고 했습니다. 물론 애덤 스미스가 생각했던 이상적인 시장, 즉 참가자 전원이 참여하는 시장에 대한 비판은 지금까지도 논란이 되고 있습니다. 현실의 시장은 애덤 스미스의 주장처럼 참가자 전원이 참여하는 시장이 아니며, 소수의 거대한 이익집단이 막대한 영향력을 행사한다는 것입니다. 그런 쟁점은 이 책의 범위를 벗어나므로 논의하지 않겠습니다. 어쨌거나 시장은 사람들이 거래하는 장소이지만, 살아 움직이는 생명체처럼 느껴집니다. 정치 또한 사람들이 모여 나라의 일을 논의하는 활동입니다. 그러나 사람들은 정치를 살아있는 생물이라고 합니다. 정치인과 언론은 변수가 많아 예측이 어렵고 사람의 생각대로 통제되지 않기 때문이라고 설명합니다. 직장도 사람들이 모여 이익을 거래합니다. 개인의 가치와 역량에 따라 이익이 거래됩니다. 직장생활도 변수가 많고 사람의 생각대로 통제되지 않습니다.

직장 변동성=개인 이익의 다양성×개인의 내적 변화×구성원 교체

직장이라면 삼성전자, LG, 애플, 테슬라 같은 브랜드가 떠오릅니다. 살아있는 생명은 느끼지 못합니다. 멋진 사옥, 세련된 상품, 미래를 선도하는 혁신적인 CEO 등이 생각납니다. 그러나

직장은 앞서 설명한 시장이나 정치처럼 사람으로 구성되어 있습니다. 사람은 직장에서 서로가 원하는 이익을 거래합니다. 누구도 거래 결과를 예측하거나 통제하지 못합니다. 그래서 글쓴이는 직장을 살아있는 생물이라 정의합니다. 직장을 생물처럼 생각하면 직장의 다양성이 쉽게 이해됩니다. 개인마다 가치관이 다르고 추구하는 이익도 다양합니다. 개인이 생계유지를 위해 취업했다 하더라도 취향과 취미는 사람 수만큼 다양합니다. 개인이 추구하는 목표도 다양합니다. 승진, 연봉, 정년 보장, 워라밸 등 목적에 따라 퇴사와 재입사를 반복합니다. 사람이 직업을 통해 추구하는 것은 금전, 명예, 권력 등 크게 세 가지라고 합니다. 금전을 원하면 사업을 하고, 명예를 추구하면 성직자 또는 학자가 되며, 권력을 추구하면 정치인이 된다고 합니다. 다만 세 가지를 동시에 만족하는 직업은 없다고 합니다.[33]

군인에게는 진급이 중요한 이익입니다. 진급을 통해 경제적 이익과 명예를 동시에 얻을 수 있기 때문입니다. 하지만 일부 선·후배는 경제적 이익이나 명예를 얻기 위해 군을 떠나기도 합니다. 진급보다 더 분명하고 확실한 이익이 보장된다면 직장을 떠납니다. 이렇듯 사람마다 추구하는 이익은 너무나 다양해 예측할 수 없습니다.

---

33 민진규, 직업이 인생을 결정한다, 2011.

직장을 예측하기 더 어렵게 만드는 요인은 개인의 내적 변화입니다. 개인의 생각이 시간에 따라 달라집니다. 예를 들면 2021년에 직장 선택 기준 1위가 연봉이었지만, 2023년에는 워라밸이었습니다. 개인의 다양성에 개인의 내적 변화가 곱해져 직장의 변화를 예측하기가 더욱 어렵습니다. 더구나 직장 구성원은 수시로 바뀝니다. 입사와 퇴사, 직장 내에서 인원 조정, 승진 등의 이유로 구성원이 늘 변합니다. 요약하면, 개인의 다양성에 개인의 내적 변화를 곱하고, 추가로 구성원의 변동성을 곱해야 합니다. 그 변동성은 사람의 계산으로 예측하지 못합니다. 그래서 직장에서 최선을 다했어도 원하는 이익을 얻지 못할 때가 있습니다. 직장의 변동성은 사람의 예측을 벗어나기 때문입니다. 그런 이유로 성인들은 '진인사대천명盡人事待天命', '운칠기삼運七技三'이라는 말씀을 남겨 후세가 스트레스를 받지 않도록 하셨습니다. 실력이 좋아도 운이 필요하다는 의미입니다. 그래서 글쓴이는 직장에서 원하는 이익을 얻지 못해도 실망할 필요 없다고 생각합니다. 직장은 생물生物과 같아 개인의 생각처럼 진행되지 않기 때문입니다.

직장은 기대한 만큼 실망을 돌려줍니다

글쓴이의 경험을 적어봅니다. 육군사관학교를 졸업하고 첫

부임지인 강원도에 있는 부대로 갔을 때 글쓴이는 걱정보다 기대가 컸습니다. 새내기 소위의 패기와 열정으로 소대원들과 피를 나눈 형제처럼 지내고 싶었습니다. 국가와 군을 위해 큰일을 하겠다고 다짐했습니다. 그러나 현실은 달랐습니다. 일은 너무 많았고, 일주일에 이틀은 당직이었으며, 숙식 여건은 열악하였습니다. 원칙을 너무 좋아해서 그런지 소대원과 소통도 어려웠습니다. 되돌아보면 글쓴이의 기대가 컸습니다. 본인의 역량과 근무 여건은 과대평가하고 직장에서 요구하는 업무는 과소평가했습니다. 그때 "직장에서 마음대로 기대하면 안 된다."라는 교훈을 배웠습니다. 그러나 '기대 후 실망'이라는 패턴은 보직을 옮길 때마다 되풀이되었습니다.

직장에서는 기대가 아니라 예상해야 합니다

신입사원은 입사 후 몇 개월만 지나도 "기대했던 것보다 실망스럽다."라고 불평합니다. 가장 큰 이유는 신입사원의 기대와 직장의 실제 모습이 달랐기 때문입니다. 글쓴이는 직장생활을 하면서 무슨 일이 생기면 늘 나에게 유리한 쪽으로 기대했습니다. 하지만 군대생활 30년의 기록은 기대가 만족보다는 실망을 줄 때가 많았다는 사실입니다. 마치 로또와 같습니다. 로또가 기대만큼 맞지 않는 것처럼 직장도 기대한 것이 하나도 맞지 않았습니다. '기대'의 글자를 바꾸면 '대기'입니다. 말 그대로 혼자서 무작정 기다린다는 뜻입니다. 기대와 자주 사용되는 문구는 '기대와는 달리', '기대에 어긋나는', '기대에 못 미치는' 등 부정적 문구가 대부분입니다. 우리 조상은 기대가 실현되지 않은 것을 경험적으로 이미 알고 있었습니다. 반대로 예상은 '어떤 일을 당하기 전에 미리 생각하는 것'을 의미합니다. 예상은 그 일이 일어날 가능성이 크다는 의미입니다. 그래서 우리는 기대하지 말고 예상해야 합니다. 어떤 일을 예상하려면 그 일이 발생할 수 있는 여건을 조성해야 합니다. 막연히 기대하면서 무작정 '대기'하지 말고 사전에 충분히 준비해서 예상하는 사람이 되어야 합니다.

기대가 실망으로 끝나는 이유는 직장이 이익을 두고 서로 경쟁하는 장소이기 때문입니다. 누구도 상대를 배려해 자신의 이익을 양보하지 않습니다. 오히려 내가 받아야 할 정당한 이익을 훔쳐 가려고 합니다. 선한 마음으로 상대에게 호의를 기대할 수 있지만, 맹수처럼 먹이를 빼앗아 갑니다. 자연에서 강한 포식자는 약한 포식자의 먹이를 늘 빼앗아 갑니다. 자연의 순리이기 때문에 강한 포식자를 비겁하다고 비난하지 않습니다. 자연의 순리가 직장에서도 적용됩니다. 누군가 우리의 이익을 노려보고 있다고 생각해야 합니다. 우리의 이익을 보호하는 일은 우리의 책임이지 상대의 호의에 기대할 일이 아닙니다. 그런데도 무언가에 기대하고 싶다면 '로또'를 사세요. 로또는 매번 떨어지더라도 실망하지 않습니다.

불평 대신 이익에 집중해야 합니다

직장은 충분한 이익을 제공하지 않으면 개인에게 퇴직을 압박합니다. 직장의 결정이 맞을 수 있고 오해일 수도 있습니다. 어쨌든 개인에게는 비상 상황입니다. 경험상 직장에 호의나 배려를 기대하면 시간 낭비입니다. 호의나 배려를 기대하는 대신 본인이 직장에 꼭 필요한 사람이라고 설득해야 합니다. 오해의 원인을 해소해야지 호의나 배려를 기대하면 안 됩니다. 무엇보다 직장에 제공하는 이익을 키워야 합니다. 직장의 기대 수준이 개인의 생각보다 높을 수 있습니다. 또는 개인이 본인을 과대평가할 수 있습니다. 두 가지 문제 모두 불평이 아닌 개인 스스로 자신의 이익을 키워야 해결이 됩니다.

직장이 개인의 가치와 이익을 저평가할 수 있습니다. 성과가 있었음에도 직장에서 모를 수 있습니다. 안타깝지만 그럴 때도 우리는 불평하지 말고 우리가 직장에 제공할 수 있는 이익에 더 집중해야 합니다. 직장에서 계속 일하고 싶다면 직장이 원하는 이익을 제공할 수 있다고 설득해야 합니다. 그리고 직장이 개인에게 원하는 역량을 키워야 합니다. 그런 노력에도 불구하고 직장에서 개인이 얻을 이익이 충분하지 않다면 이직하면 됩니다. 호의, 배려, 기대로 시간을 낭비하는 대신 우리의 이익에 집중하면 불필요한 스트레스가 줄고 이익은 커질 것입니다.

사람에게
상처받지 않기

인간의 변심은 정상적인 모습입니다

친분이 돈독한 사람이 돈, 명예, 권력을 갖게 되면 어느 순간 사람이 변했다는 사실을 느끼게 됩니다. 대화를 해보면 자기중심적, 직설적, 무성의한 말투가 느껴지고, 평소보다 연락도 줄어듭니다. 글쓴이도 여러 번 경험했습니다. 영관장교 시절까지 친절하고 주변 사람들을 배려하는 모습으로 존경을 받았던 선배가 고위직으로 승진 후에는 고압적이고 자기중심적으로 변했습니다. 결국, 그 사람과 사이가 소원해지고 관계가 악화되기도 했습니다. 그래서인지 옛 성인들은 사람의 진심을 알기 위해서는 '권력', '재물', '어려운 일', '술', '명예' 등을 주어서 돌아오는 반응을 살피라고 했습니다.

직장생활 30년 내공으로 습득한 사람의 업무 능력과 본심을 아는 방법입니다. 사람의 두 가지 모습을 보면 됩니다. 먼저 힘들고 어려운 일을 6개월 이상 같이하면서 사람의 태도를 관찰해야 합니다. 사람은 본능적으로 타인에게 잘 보이고 싶은 마음이 있어서 여유 있을 때는 본성이 드러나지 않습니다. 그러나 힘들고 어려운 일은 사람의 본성을 나오게 합니다. 몇 번은 숨기고 지나갈 수 있으므로 6개월 이상 관찰해야 숨겨진 가식을 찾을 수 있습니다. 경험상 사람이 만든 인위적인 조심성은 6개월이 지나면 사라지는 것을 알았습니다. 두 번째는 상대방을 진심으로 생각한다면 직장을 떠났어도 잊지 않고 전화나 문자를 보내는 등 연락합니다. 당장 상대에게 얻을 이익이 없는데도 연락한다는 것은 상대에게 충분한 물질적·정신적 도움을 받았다는 사실을 의미합니다. 그래서 상대에게 존경과 감사의 마음이 있다는 것입니다. 두 가지 조건이 충족되면 사람을 믿을 수 있습니다. 그러나 아무 검증 없이 사람을 믿으면 결정적인 순간에 실망하거나 배신감까지 느낄 수 있습니다. 사람에게 받은 상처는 생각보다 크고 오래갑니다. 그래서 기준이 충족되지 않으면 사람 판단은 보류해야 합니다. 사람에게 기대하지 않으면 실망하지 않습니다.

50년 넘게 살아보니 사람의 변심은 당연한 현상입니다. 사람에게 이익을 제공하는 사회 환경이 변했기 때문에 사람도 변합니다. 한때는 같은 이익을 지향했던 사람이더라도 사회 환경이 달라지면 그 사람이 지향하는 이익이 달라집니다. 예를 들어 가난한 사람이 부자가 되면 권력과 명예를 갈망합니다. 그것을 모르는 주변 사람은 "성공하더니 사람이 변했다."라고 불평합니다. 그런데 이미 부를 얻은 사람이 다른 이익을 원하는 마음은 당연합니다. 그래서 과거 사람을 멀리하고 명예와 권력을 줄 수 있는 새로운 사람에게 접근하게 됩니다. 직장인도 자신에게 최대 이익을 주는 사람을 찾습니다. 그래서 사람이 변하는 것처럼 느껴지고 심지어 멀어지게 됩니다. 사람이 변심하지 않게 하려면 상대가 원하는 이익을 계속 줄 수 있어야 합니다. 사람의 변심은 잘못이 아닙니다. 상대가 원하는 이익을 주지 못하는 사람이 원인입니다. 실적을 내지 못하는 회사가 반성해야지 떠난 투자자를 탓하면 안 됩니다. 사람의 변심은 당연해서 화내거나 슬퍼할 이유가 없습니다. '더 큰 이익을 찾아 떠났구나.' 생각하고 잊으면 됩니다. 떠난 사람은 남겨진 사람을 생각하지 않습니다. 남은 사람도 떠난 사람을 그리워하며 고통스러워하지 말아야 합니다.

산은 산이고, 물은 물입니다

종교 및 철학 분야에서 사용되는 '황금률Golden Rule'은 '다른 사람이 해주기를 바라는 행위를 타인에게 하라.'는 의미입니다. 이 원칙은 기독교, 이슬람교, 힌두교, 불교, 유교 경전 모두에서 볼 수 있습니다.

- 기독교: 대접을 받고자 하는 대로 남을 대접하라.
- 이슬람교: 나만큼 남을 위하지 않는 자는 신앙인이 아니다.
- 힌두교: 내게 힘든 것을 타인에게 강요하지 말라.
- 유교(논어): 자기가 하고 싶지 않으면 타인에게 시키지 말라.
- 불교: 부처와 중생은 다르지 않고 평등하다.

황금률을 감히 개인적으로 해석하자면 '나와 상대는 같은 사람이므로 차이가 없다.'라는 뜻으로 생각됩니다. 그런데 사회의 민낯은 권력, 금전, 명예 등으로 사람을 분류하여 계층을 나눕니다. 그리고 사회는 상위 계층과 하위 계층을 동등하게 대우하지 않습니다. 30년 직장생활의 결론은 황금률 원칙은 현실에 적용되지 않는다는 깨달음입니다.

그런데도 글쓴이는 황금률에서 배울 수 있는 지혜가 있다고 생각합니다. 황금률을 이해하면 직장에서 사람에게 받는 스트레스를 줄일 수 있습니다. 글쓴이가 후배에게 자주 소개하는 황금률 관련 명언이 있습니다. '산은 산이요, 물은 물이다.'라는 문구입니다. 이 문구는 성철 스님이 조계종 종정에 취임 때 한 말로 유명합니다. 성철 스님이 처음 한 말은 아니고 중국 송나라 승려가 남긴 말이라고 합니다. 불교계뿐만 아니라 다른 종교나 학계에서 다양하게 해석하는 문구이므로 이 문구에 대한 해석은 생략합니다. 글쓴이의 해석은 '내가 나를 존중하는 만큼 상대방도 존중하라.'입니다. 산과 물은 모두 자연 속에 있습니다. 둘 중에 더 중요한 것은 없습니다. 사람도 나와 네가 있지만 누가 더 중요하지 않습니다. 나는 내가 더 중요하고 상대방은 상대방이 더 중요할 뿐입니다. 서로 본인이 중요하므로 서로 존중해야 합니다. 상대방에게 자신의 가치관을 강요하거나 가르치려고 해서는 안 됩니다. 누군가를 가르친다는 것은 본인이 상대적으로 우위에 있다는 뜻으로 해석되어 상대방이 거부감을 느끼게 됩니다.

요약하면, 법과 상식을 벗어나지 않은 상대방의 모든 생각과 결정은 존중하는 것입니다. 때로는 상대의 생각과 결정이 내 시각에서 보면 어리석거나 이해하기 어려울 수 있습니다. 절대 관여하거나 평가하지 말아야 합니다. 산은 산, 물은 물처럼 '나는 나, 너는 너' 방식으로 해야 합니다. 평가 대신에 칭찬과 격려를 해주어야 합니다. 그리고 직장에서는 업무와 관련된 일만 하면 됩니다. 개인의 취향, 취미, 기호는 본인의 기본권입니다. 직장인은 원하는 이익을 얻기 위해 직장에 입사했습니다. 상사는 상사가 원하는 이익이 있고, 실무자는 실무자가 원하는 이익이 있습니다. 본인의 이익이 중요한 만큼 상대방의 이익도 중요하게 생각해야 합니다. 하지만 '너는 너, 나는 나'라는 문장이 상대에 대한 방관이나 무관심으로 인식되지 않도록 주의해야 합니다. 상대방의 결정을 존중하는 것이지 상대방의 결정에 관심이 없다는 뜻이 아닙니다. 상대방에게 무관심하다는 의미는 완벽한 타인이라는 의미입니다. 동료는 내 이익에 영향을 주는 사람이므로 타인이 아닙니다. 내 이익을 증가시키기 위해 동료의 선택을 존중하는 것입니다.

논리로 이기면 이긴 것이 아닙니다

직장에서 동료들과 대화할 때 벽과 대화하는 느낌을 받을 때가 있습니다. 민감한 주제를 두고 서로의 이견이 평행선을 그릴 때 그런 느낌을 받습니다. 글쓴이는 내 주장을 뒷받침할 명확한 논리와 근거를 제시하고, 경험 사례까지 포함해서 침 튀기며 설명합니다. 이 정도 수준이면 상대도 동의하리라 생각합니다. 하지만 상대는 글쓴이의 논리, 근거, 경험에 대해서는 대응하지 않고 자신의 주장을 반복합니다. 결국, 아무 결론에 도달하지 못하고 서로 기분만 상한 채 헤어집니다.

대화는 결정이 필요한 대화와 그렇지 않은 대화로 구분됩니다. 업무와 관련된 대화는 결정이 필요합니다. 예를 들면 프로젝트 시행 여부, 세부 추진 방법, 예산 할당 등은 결정해야 합니다. 하지만, 일상의 대부분 대화는 결정이 필요 없는 대화입니다. 즉 상대방을 설득하거나 합의해야 하는 내용이 아닙니다. 그런데도 우리는 습관적으로 상대에게 본인의 생각을 강요합니다. 내가 너보다 많이 알고 똑똑하니 가르쳐야 하겠다는 우월감이 있습니다. 많이 배운 사람 소위, 엘리트와는 소통이 더 어렵습니다. 그들은 특정 분야의 전문성과 경험을 일상 영역에서도 동일시합니다. 즉, 모든 분야에서 전문가라고 생각하는 경향이 있습니다. 그래서 전문 분야 종사자와 민감한 주제로 대화할 때는 주의할 점이 있습니다. 단순히 의견을 전달하려는 대화가 '내 생각이 옳아, 너도 인정해!'라고 오해되지 않아야 합니다. 특히, 상대방과 의견이 달라 근거와 이유를 설명하려고 할 때 오해를 받습니다.

상사는 대표적인 전문 분야 종사자입니다. 상사는 직장 경험이 풍부하므로 부하보다 우월하다는 생각이 있습니다. 일상 대화 중에도 본인의 인생 노하우와 깨달음을 자주 언급합니다. 실무자 대부분은 대체로 듣고 있습니다. 그러다가 누군가 이견을 제기합니다. 상사의 실무자 시절에는 맞는 이야기일지는 모르지만, 지금은 시대가 달라졌다고 주장합니다. 상사가 다시 실무자의 의견을 반박하면 앞에서 설명했던 벽에 대화하는 상황이 전개됩니다. 정말 드물게 상사의 허점을 파고들며 논리와 근거를 제시하는 실무자가 있습니다. 실무자의 해박한 배경지식과 논리에 상사가 마지못해 인정합니다. 그런데 갑자기 직장 분위기가 어색해집니다. 부서원 얼굴도 불편해 보입니다. 실무자도 평소와는 다른 상사의 시선이 찜찜합니다. 결국, 실무자는 유식함을 증명한 것 말고는 얻은 이익이 없습니다. 상사와 거래했는데 얻은 이익은 없고 손해만 본 것입니다. 영화《달콤한 인생》에서 조직폭력배 중간 보스(이병헌)가 자신을 죽이려 했던 보스(김영철)

에게 묻습니다. "당신을 위해 개처럼 일한 나를 왜 죽이려 했어요?" 보스는 아무렇지 않게 대답합니다. "넌 나에게 모욕감을 줬어."

합의나 결정이 필요하지 않은 대화에서 상대방을 이겼더라도 실제 손익을 따지면 이긴 것이 아닙니다. 배우자, 자녀, 친구와 대화도 마찬가지입니다. 상대는 자신의 부족함을 탓하기보다 우리가 아는척하며 가르치려 한다고 생각합니다. 그래서 상대는 불쾌감을 느끼고 대화를 피하게 됩니다. 결국, 논리로 승리했지만, 우리의 이익은 감소합니다. 그래서 일상적인 대화에서는 본인 생각을 표현할 수 있지만, 이견이 발생하면 듣고 공감하는 편이 좋습니다. 상대방과 반복되는 논리 싸움은 아무 이익이 없습니다. 정치, 종교, 취미, 교육, 투자 같은 대화 소재가 자주 논리 싸움으로 확대됩니다. 논리로 상대방을 절대 이기려 하지 마세요. 논리로 이기면 겉으로 이긴 것 같지만, 중요한 이익을 낭비한 상처뿐인 승리입니다.

우리의 잘못이 아닙니다

승진 시기에 자신을 홍보하는 일은 중요합니다. 그래서 상사 중에 출신학교 선배나 같이 근무했던 상사에게 평소에 하지 않왔던 단체 문자 인사를 명절에 하게 됩니다. 명절 때가 아니더라도 갑자기 안부를 묻는 전화나 문자를 합니다. 실제로 효과가 있는지 모르겠지만, 승진 대상자의 일반적인 경향입니다. 그런데 대상자에게 가장 중요한 응원군은 직속 상사입니다. 일반적으로 직속 상사는 승진 대상자를 주변에 적극적으로 홍보합니다. 직속 상사에게 승진을 앞둔 부하 홍보는 일종의 책임으로 인식되어 있습니다. 또한, 승진 당해 연도 직속 상사의 인사고과 평가는 심사에 결정적 영향을 줍니다. 그래서 승진 당해 연도에 직속 상사와 좋은 관계는 중요한 일입니다.

그런데 글쓴이의 승진 시기에 직속 상사로부터 홍보는 제외하더라도 작은 지원도 받지 못한 때가 있었습니다. 그래서인지 승진에 떨어졌습니다. 속상하기도 했지만, 더 궁금한 것은 상사가 글쓴이를 싫어한 이유였습니다. 1년 동안 최선을 다해 근무했고, 성과도 좋았습니다. 무엇보다 업무 때문에 지적이나 질책을 받은 기억이 없었습니다. 지난 1년을 처음부터 되돌아보았지만, 답을 찾을 수 없었습니다. 며칠 동안 고민했지만, 1년 전으로 돌아가더라도 지금의 모습과 다르지 않다는 결론에 왔습니다. 결국 글쓴이의 부족함 때문이라고 마음을 정리했지만, 더 잘할 수 없기에 내년도 승진하지 못할 거라는 서글픔이 밀려왔습니다.

직속 상사가 글쓴이를 돕지 않은 이유는 1년이 지나서야 알았습니다. 다행히 글쓴이는 다음 해에 승진했습니다. 그런데 떨어진 해보다 더 열심히 근무를 한 것도 아닙니다. 평소와 똑같이 근무했습니다. 그런데 승진이 되자 주변에서 1년 전 승진에 떨어진 이유를 설명해 주었습니다. 그 이유는 글쓴이가 일을 못해서가 아니라 직속 상사가 글쓴이보다 챙겨야 할 사람이 있었기 때문입니다. 직속 부하도 중요하지만, 본인에게 이익이 될 사람을 챙기는 일이 더 중요했던 것입니다. 직장생활 30년 동안 상사에게 밉보였다는 생각으로 힘들었던 시기가 있었습니다. 지금 생각해 보면 그 사람들은 글쓴이를 싫어했던 것이 아니고 챙겨야 할 누군가를 챙긴 것입니다. 그것도 모르고 혼자 상상 속에서 자아비판을 하면서 괴로워했던 것입니다. 상사가 직속 부하 대신에 다른 사람을 챙긴다면 상사에게 그럴만한 이유가 있는 것입니다. 우리가 잘못했거나 무능력해서가 아니라 상사에게 도움이 될 일을 스스로 한 것입니다. 그러니 슬퍼하거나 괴로워하지 말고 우리에게 이익이 될 일에 집중하면 됩니다. 일 잘하는 것도 중요하지만, 챙겨야 할 사람이 되는 것은 더 중요합니다.

위기에서
탈출하기

마음의 상처는 망각으로 치유되지 않습니다

직장생활을 하는 동안 기쁨과 즐거움도 있었지만, 직장과 사람에 대한 실망도 있었습니다. 합리적이지 않은 업무 체계에 좌절하고, 사이코패스나 소시오패스 악당에게 고통받기도 했습니다. 최선을 다해 일했지만, 수긍하기 어려운 이유로 승진에 떨어지기도 하고, 승진 심사를 앞두고 한직으로 발령되기도 했습니다. 특히 오랜 시간 신뢰했던 사람에게 배신당하고 핍박을 받을 때는 큰 분노와 상실감을 느끼기도 했습니다.

그런 상황에 부닥칠 때마다 글쓴이가 어떻게 반응했는지 생각해 보았습니다. 어리석게도 매번 유사했습니다. 글쓴이의 첫 반응은 현실 부정입니다. 현 상황은 악몽이며 꿈에서 깨면 원하던 모습으로 돌아온다고 생각합니다. 며칠이 지나면 꿈이 아님을 깨닫습니다.

다음은 현실 인정입니다. 현 상황을 받아들이고 수용하지만, 이 시간은 매우 짧게 지나갑니다. 현실 인정과 동시에 다음 단계인 현 상황의 원인 제공자에 대한 비난으로 갑니다. 누가 원인 제공자인지 찾아 욕하고 저주합니다. 하지만, 그 시간은 아픈 상처를 더욱 아프게 만듭니다. 상처를 다시 후비는 자해 같은 행위입니다. 비난하면 할수록 아픈 기억이 떠올라 괴롭습니다. 그런 시간이 한 달은 계속됩니다.

마지막 단계는 치유의 시간입니다. 아픈 기억을 잊으려고 노력하면서 다른 일에 집중하려 합니다. 사람과 약속을 만들어 만나거나 약속이 없으면 혼자서 술을 마시며 시간을 보냅니다. 주말에는 꼼짝하지 않고 영화나 동영상을 보며 하루를 보냅니다. 하지만 상처는 치유되지 않고 소중한 시간과 에너지만 낭비됩니다.

정리하면, 마음의 상처는 망각으로 치유되지 않습니다. 그래서 잠깐은 가라앉은 흙탕물처럼 깨끗해 보일 때도 있지만, 언제라도 자극이 오면 다시 흙탕물이 되어 괴롭습니다. 망각과 고통의 사이클이 반복됩니다.

그렇다고 치유 방법이 없는 것은 아닙니다. 치유의 기회는 우연히 찾아옵니다. 인생의 변곡점이 될 사건이 발생하면 치유됩니다. 예상하지 못한 사건은 좋은 일이 될 수 있고 슬픈 일이 될 수도 있습니다. 다만, 마음의 상처는 마음의 감정으로 치유되는 것 같습니다. 이별의 상처를 새로운 만남이나 또 다른 이별이 치유하는 것과 유사합니다. 어쨌든 노력해도 안 되던 치유가 갑자기 시작됩니다. 다만 그런 사건이 언제 올지 알 수 없습니다. 짧게는 1년, 길게는 몇 년이 걸리기도 합니다.

세상은 나에게 관심이 없습니다

글쓴이 경험입니다. 열심히 일했지만, 명확한 설명 없이 한직에 보직되었습니다. 보직 이후 몇 주는 자존감도 낮아지고 위축되어서 있는 듯 없는 듯 조용히 지냈습니다. 사람 만나는 것도 피하고 술 마시며 지낸 밤도 많았습니다. 몇 달이 지나자, 세상은 글쓴이의 아픔에는 관심이 없다는 것을 알았습니다. 혼자서 힘들어했지만, 주변 사람들은 모르고 있었습니다. 동료가 아픔에 공감해 주고 위로해 주리라 생각했지만, 착각이었습니다. 사람들은 자신의 이익 찾기에도 하루하루 바쁘다는 것을 몰랐습니다.

그렇게 세상을 탓하며 자신만 괴롭히던 어느 날, 우연히 새벽 산책을 했습니다. 사람 없는 길을 걸으니 잠시 마음이 편안해졌습니다. 그런 느낌이 좋아 이후로 매일 새벽 산책을 했습니다. 며칠간의 산책으로 우울했던 마음이 풀리자 내친김에 저녁 운동을 시작했습니다. 흠뻑 땀 흘리고 에너지를 발산하니 술 없이도 저녁에 편하게 잠을 잘 수 있었습니다. 문득 바쁜 일상생활이 우울함을 극복하는 데 도움이 된다는 것을 깨달았습니다. 그래서 아침부터 저녁까지 새벽 산책, 운동, 퇴근 후 독서, 논문 읽기 등 쉴 틈 없는 시간을 보냈습니다. 주말에는 인근 산과 지역 명소를 다녔습니다. 꺼진 엔진에 다시 시동이 걸린 듯 즐거웠고 생활에 활력이 생겼습니다. 무엇보다 건강이 좋아지고 새로운 일을 하고 싶은 의지가 생겼습니다. 그런 과정을 거쳐 학회에 논문을 기고하고, 평생의 버킷리스트였던 책도 쓰게 되었습니다.

힘들 땐 루틴Routine 하세요

그래서 힘들 때 행운의 사건을 기다리기보다 찾아가는 노력이 필요합니다. 방법은 일상생활의 루틴을 만드는 것입니다. 생산적인 루틴을 정신없이 하면 아픈 기억은 잊힙니다. 그렇게 마음이 치유되면 이상하게 예상하지 못했던 행운이 찾아옵니다. 그렇게 상처는 치유되고 좋은 일이 생깁니다. 그래서 마음으로 힘드신 분들은 루틴을 만들면 좋습니다. 방법은 자신에게 이익이 되는 중요한 목표를 세웁니다. 자기계발, 건강, 취미, 운동 등 도움 되는 이익이면 관계없습니다. 특히 운동은 마음의 상처 치유에 큰 도움이 됩니다. 운동이 건강에 좋은 것은 알려진 사실입니다. 그런데 운동이 불안감이나 우울증 치료에 효과가 있다는 사실은 잘 알지 못합니다.[34] 또한, 운동은 성공에 직접적인 영향을 주는 것으로 확인되었습니다.[35] 사람에게는 일정량의 자기통제Self Control 능력이 있는데, 힘든 일을 하면 자기통제 능력이 사용된다고 합니다. 따라서 자기통제 능력이 모두 소진될 때 힘들고 어려운 상황에 맞닥뜨리면 인내하지 못하고 포기한다고 합니다. 예를 들어 직장에서 힘든 일을 마치고 집에 오면 평소와 다르게 짜증을 잘 내는 이유가 그것 때문이라고 합니다. 자기통제 능력이 뛰어난 사람은 대체로 성공하고 행복한 인생을 살아갑니다. 그런 자기통제 능력을 키우는 효과적인 방법이 바로 운동입니다. 그래서인지 성공한 사업가들의 공통점 중의 하나는 운동입니다. 기업 임원 중 90%는 매일 30분 운동한다고 합니다.[36]

34 대한민국 정책브리핑, 운동하면 좋아지는 10가지, 2017.11.16.
35 매일경제, 운동을 열심히 하면 성공도 하고 행복해질 수 있을까?, 2017.10.24.
36 일요신문, 출근 전 3시간이 인생 좌우한다? 성공한 CEO의 9가지 루틴, 2021.11.12.

목표를 정하면 아침 일찍부터 취침까지 실행합니다. 아무 생각 없이 루틴에만 집중합니다. 루틴의 힘은 시간의 복리 효과가 더해져 엄청난 이익을 만들어 냅니다. 짧게는 6개월, 적어도 1년의 기간이 지나면 한층 성장한 자신을 보게 됩니다. 문득 과거 상처가 삶의 걸림돌이 아니라 더 성장할 수 있게 도와준 디딤돌이었다는 깨달음을 얻게 됩니다. 인생의 암흑기에는 미래 모습이 보이지 않습니다. 마치 밝은 고속도로에서 편하게 운전하다가 갑자기 컴컴한 비포장 길을 가는 느낌입니다. 누구의 잘못이라기보다 그냥 그렇게 삶의 여정이 변화된 것입니다. 우리가 불평하고 소리쳐도 아무도 관심이 없고, 길이 달라지지도 않습니다. 누구를 탓하거나 슬퍼하지 말고 운전에 집중해서 빨리 빠져나오는 방법이 생활의 루틴입니다.

걱정은 내가 만든 상상의 늪입니다

사람은 평생 걱정과 함께 살아갑니다. 젊은 시절에는 학업, 취업, 결혼 문제를 걱정하고, 중년 시절에는 직장, 자녀, 노후 준비 문제로 걱정하며, 노년기에는 생활비, 건강, 배우자, 친구 등의 문제로 고민합니다. 직장인 또한 입사 때부터 적응, 상사, 동료, 부하, 승진 등의 문제를 걱정하며 살아갑니다. 그런데 매사추세츠 종합병원 정신과 의사인 조지 월턴 박사는 걱정의 40%

는 현실에서 일어나지 않고, 30%는 이미 일어난 일이며, 22%는 사소한 일이라고 합니다. 단지 8%만 걱정할 일인데 그중 4%는 노력해도 달라지지 않는 일이라고 합니다.[37] 요약하면, 걱정의 96%는 쓸데없다는 의미입니다.

직장생활은 실수의 연속이고 특히 새내기 시절에는 실수가 잦습니다. 예를 들면 상사의 말을 잘못 이해해서 다른 일 하고, 문서에 오탈자를 내기도 하며, 상사 지시나 부탁을 잊어버려 당황스러울 때가 있습니다. 이런 실수는 솔직하게 사과하면 종결됩니다. 그런데 새내기는 본인의 상상 속에서 작은 실수를 직장에서 해고당할 만한 중대 실수로 만듭니다. 비유하면 그냥 두면 꺼질 작은 불씨를 상상의 휘발유를 부어 순식간에 대형화재로 만드는 것입니다. 그런 상상의 걱정은 새내기가 감당하지 못하는 스트레스를 줍니다. 상사에게 질책받고, 동료에게 무시당하며, 최악의 경우 해고될 수 있다는 극심한 불안감과 우울증을 경험하기도 합니다. 본인이 만든 상상의 늪에서 빠져나오지 못하면 퇴사하기도 합니다.

37 서울경제, 걱정의 96%는 쓸데없는 것, 2010.10.3.

글쓴이가 승진 시기에 겪었던 일입니다. 승진심사가 눈앞에 있어 긴장하며 업무에 집중하려 했습니다. 어느 날 회의 중에 상사가 글쓴이에게 업무 관련 질문을 했는데, 갑작스러운 질문에 당황해 즉흥으로 답변했습니다. 회의를 마치고 사무실에 와서 답변 내용이 오답임을 알았습니다. 그 순간부터 상상이 시작되었습니다. '중요한 내용이 아니니 그냥 지나갈까? 정정보고를 하면 상사는 담당자가 그것도 모르냐고 지적할까? 승진 대상자는 떨어지는 낙엽도 조심해야 하는데 괜한 꼬투리 잡히지 않을까?' 작은 실수는 상상의 날개를 달고 경위서를 쓰거나 징계를 받는 단계까지 갔습니다. 마치 수렁에 발이 빠져 빼내려는데 갑자기 상상력이 나타나 늪으로 밀어 넣는 것 같았습니다. 밤새 이런저런 생각으로 잠을 이룰 수 없었습니다. 다음날에도 승진에 떨어지는 걱정을 하던 중 복도에서 우연히 상사를 만났습니다. 나도 모르게 상사에게 정정보고를 했습니다. 의도하지 않은 순식간의 일입니다. 상사는 "그런 일이 있었나?"라며 어제 일을 기억하지 못했습니다. 상사는 웃으며 가던 길을 갔고, 글쓴이는 그 자리에서 허탈감과 안도감에 움직이지 못했습니다.

글쓴이도 걱정의 96%인 결과가 달라지지 않는 걱정을 자주 했습니다. 우습지만, 그런 경험으로 걱정 해소법 3단계를 배웠습니다. 1단계는 차분하게 발생한 상황을 있는 그대로 인식합니다. 상상을 빼고 실제 발생한 일만 노트에 적어 그대로 바라보는 일입니다. 2단계는 내가 할 수 있는 조치 방안을 적습니다. 마지막으로 용기 내어 적은 내용 그대로 하면 됩니다. 걱정은 상상의 사건에 상상을 더해서 상상의 결과를 가져오는 영화보다 실현되기 어려운 일입니다. 상상을 제외하면 우리가 할 수 있는 일이 보입니다. 그러나 마지막까지 방심하면 안 됩니다. 할 수 있는 일이 보이더라도 용기가 없으면 다시 걱정의 늪으로 돌아가게 됩니다.

에 / 필 / 로 / 그

　　사람마다 인생의 목표를 가지고 살아갑니다. 그리고 개인이 목표를 이루면 성공했다고 말합니다. 그렇다면 성공은 어떤 과정으로 진행될까요? 누구는 좋아하는 일을 하니 성공했고, 누구는 재능이 있어 성공했다고 합니다. 맞는 말입니다. 좋아하고 재능이 있어야 성공 확률이 높아집니다. 다만, 글쓴이가 정의하는 성공은 '특별한 사건이 계기가 되어 원하는 이익을 위해 꾸준히 노력한 결과'입니다. 즉, 성공에는 특별한 인연과 노력이 필요하다는 말입니다.

　　좋아하거나 재능이 있어서 시작하는 일은 쉽습니다. 하지만 세상의 모든 일이 그렇듯이 과정에 어려움이 발생합니다. 아무리 좋아하고 재능이 있더라도 중간의 역경과 고난을 극복하지 못하면 포기합니다. 특히 재능있었던 사람은 평범한 사람보다 더 심한 충격과 좌절감을 느낍니다. 미술, 음악, 체육 분야 분들이 많을 겁니다. 어쨌든 재능이 있더라도 성공하려면 지루한 노력이라는 터널을 거쳐야 합니다. 다르게 말하면 좋아하지 않고 재능이 없어도 꾸준히 하면 성공할 수 있다는 의미입니다.

글쓴이가 종교에 독실한 분에게 그 이유를 물었습니다. 그분은 처음에는 신앙심 높지 않았지만, 어떤 사건이 계기가 되어 열심히 다녔더니 독실해졌다고 했습니다. 사람은 평범한 일상에서 역경과 고난을 겪게 되면 삶에 대한 강한 동기를 갖게 됩니다. 강한 동기는 어려운 장애물을 극복하고 원하는 이익을 획득하게 만듭니다. 지금 하는 일에 재능이 없어 성공 못 할 것이라 실망할 필요가 없는 이유입니다.

글쓴이 생각에 성공의 필수 조건은 동기가 되는 사건이나 계기입니다. 강한 동기는 평상시에는 포기하거나 단념했을 장애물을 극복하게 합니다. 다만, 그런 동기 때문에 인생에 역경과 고난을 겪어야 한다면 솔직히 거절하고 싶습니다. 역경과 고난이 아니더라도 삶의 강렬한 동기를 느낄 수 있으면 최상입니다. 이 책에 정의된 이익 거래 장소가 직장이라는 개념을 이해하면 동기를 위한 자극이 될 수 있습니다. 이 개념을 이해하시면 직장뿐만 아니라 인생에서 누구에게도 기대하지 않습니다. 기대가 없으므로 실망도 없습니다. 상대가 원하는 이익을 제공하고 우리가 원하는 이익을 받으니, 직장생활이 즐겁습니다. 삶에 관한 이런 시각을 글쓴이는 적극적 현실주의라고 이름을 붙였습니다.

마지막으로 장병들과 대화할 때 자주 받는 질문이 있습니다. 자신의 가치와 이익을 증대하기 위한 효과적인 방법에 관한 질문입니다. 글쓴이는 30년 직장 경험을 바탕으로 '독서'와 '운동'이라는 답을 주었습니다. 독서와 운동은 지식, 체력 같은 유형적인 이익보다도 만족, 인내 같은 무형의 이익을 더

많이 주었습니다. 이 책이 독자분에게 조그마한 자극이 되길
소망해 봅니다.

직장은 민간과 군대의 경계가 없다는 통찰력을 보여준다. 직장이라는 대상에 생물生物, 시장, 거래라는 신선한 개념의 접목이 흥미롭다. 사회 초년생뿐만 아니라 기존의 직장인에게도 좋은 방향을 제시할 것으로 생각한다.

이윤호 (고려사이버대학교 석좌교수, 동국대 명예교수)

저자의 다양한 경험과 식견을 바탕으로 직장의 새내기는 물론 중간 관리자에게도 공감할 수 있는 아이디어로 가득한 매우 흥미로운 내용이다.

고성균 (前 육군사관학교 교장, '고성균의 장군! 멍군!' 유튜버)

후배에게 도움을 주겠다는 저자의 마음을 생생하게 느낄 수 있다. 쉽고 실용적인 내용으로 가득 차 군인뿐만 아니라 직장인에게도 인생의 지혜와 힐링의 시간을 줄 것으로 생각한다.

장혁 (한국안보정책연구소 소장, 예비역 소장, 前 청와대 국방비서관)

이 책은 직장에서 마주치는 패씸죄의 두려움, 꼰대의 굴레, 빌런의 괴롭힘을 피할 수 있게 안내해 준다. 공직과 사기업, 어디에서나 필요한 조직 생활 최고의 내비게이션이다.

홍용표 (前 통일부 장관, 한양대학교 교수)

저자는 최고의 전문성과 다정다감한 성품을 바탕으로 늘 정도를 걸으며, 조직에 생동감을 불어넣는 이 시대의 진정한 군인이다. 김 장군의 생생한 현장 경험과 지식, 지혜를 담아 이해하기 쉽게 서술한 이 책은 사회에 첫발을 내딛는 젊은 이들이 두려움을 이겨내고 희망의 발걸음을 내딛는 소중한 길잡이가 되리라 확신한다.

원인철 (예비역 공군 대장, 제42대 합참의장)

인문학적 성찰과 군생활 경험으로 탄생한 삶의 지혜가 느껴진다. 특히, 조직에 대한 참신한 시각과 솔직한 표현은 군인뿐만 아니라 직장인에게도 깊은 공감을 줄 것이다.

안준석 (예비역 대장, 前 지상작전사령관)

조직 속에서의 상하 동료 구성원과의 관계, 조직 구성원으로서의 자기관리 등은 30여 년간 군인으로 얼마나 치열하게 살아왔는지 훤히 보인다. 기성세대, MZ세대 가릴 것 없이 직장인의 필독서로 더 이상의 책은 없을 듯하다.

박경민 (前 해양경찰청 청장)

다른 책에서 볼 수 없는 신선함과 흥미로움은 물론, 직장에서 겪을 수 있는 아픔과 고뇌를 생생하게 전달한다. 군인뿐만 아니라 직장 새내기, 중간 관리자들에게 많은 도움이 될 수 있으리라 확신한다.

이규준 (중장, 육군교육사령관)

MZ세대를 위해 각답실지脚踏實地의 정신으로 현장에서 꿰어낸 조직생활 윤리와 실천적 노하우 모음집! 군의 초급간부는 물론 기업 초년생에게 소중한 길라잡이가 되어 줄 것으로 확신한다.

김성민 (중장, ○군단장)

저자의 유쾌한 성품과 넓은 인맥을 바탕으로, 오랜 군 경험에서 얻은 한국 사회의 조직문화에 대한 깊은 통찰력을 제시한다. 내 아들에게 추천하고 싶은 책이다.

송정식 (연세대학교 의과대학 교수)

철저한 현장 경험과 노하우를 바탕으로 직장생활을 현명하게 헤쳐 나갈 수 있는 전략과 전술을 명확히 제시하고 있다. 사회 초년생뿐만이 아니라 직장 처세에 고민이 많은 직장인에게 좋은 지침서가 되어 줄 것으로 기대된다.

문남수 (에스원 부사장)

청와대, 이라크 다국적군사령부 등 저자의 다양한 근무 경험을 바탕으로 직장에서 슬기롭게 처신하고 효율적으로 업무 할 수 있는 비법을 30년 경험에 근거하여 제시하고 있다.

하헌철 (소장, ㅇ사단장)

추 / 천 / 사

이제 막 군대생활과 직장생활을 시작한 초급간부와 사회 초년생들이 이 책을 읽고 덮는 순간 막연한 두려움과 걱정은 사라지고 자신감과 희망이 샘솟을 것으로 확신한다.

이우헌 (소장, O사단장)

군대생활의 치열한 경험과 폭넓은 독서에서 오는 삶의 깊은 내공이 느껴진다.

권혁동 (소장, O사단장)

누구도 속 시원하게 해주지 않았던 이야기를 솔직하고 담백하게 담고 있는 조직생활의 지혜를 배울 수 있는 책이다. 사회 초년생, 직장생활에 어려움을 겪고 있는 직장인뿐만 아니라 더 잘하고 싶은 직장인이라면 꼭 읽어 보기를 추천한다.

윤기중 (소장, O사단장)

직장인이 갖추어야 할 능력 중 하나가 '공감 능력'이다. 이 책은 사회 초년생이 쉽게 이해할 수 있도록 생생한 사례를 제공하는 최고의 지침서다.

이상민 (준장, ○여단장)

이 책을 읽고 킴벌리 커버거의 「지금 알고 있는 걸 그때도 알았더라면」이라는 시가 생각났다. '베테랑 현역 장군이 현장에서 직접 쓴 땀의 직장생활 지침서(FM:야전교범)'라고 생각한다.

박중동 (준장, ○여단장)

이 책에는 남다르고 다양한 경험을 가진 저자의 지혜와 각지에서 우직하게 소임을 다하고 있는 후배 젊은이를 생각하는 저자의 따뜻함이 담겨있다.

김대봉 (준장, ○여단장)

힘들게 사회생활을 하는 아들에게 들려주고 싶은 말이 모두 담겨있는 책이다. 성공하고 싶다면 당장 첫 장을 열어 보기 바란다.

이상현 (준장, O공수특전여단장)

현명하고 슬기로운 직장생활을 위한 사회 초년생의 길잡이가 되어줄 책이다. 이 책에는 직장에 꼭 존재하는 악당을 보기 좋게 처치하고 성공하는 인생을 위한 친절하고 재미있는 작전계획이 담겨 있다.

정학승 (준장, 육군본부)

저자의 인문, 심리 분야 등의 다독과 30년 넘는 군생활을 바탕으로 거래, 이익, 성공에 대한 인식을 올바르게 알려준 책이다. 직장생활을 시작하는 이들뿐만 아니라 그들을 이해하고 관리해야 하는 모든 이들에게 큰 도움을 줄 것이다.

이임수 (준장, 육군본부)

군과 사회에 대한 깊은 통찰력으로 어느 조직에서나 적용할 수 있는 다양하고 현실적인 아이디어가 돋보인다.

전남주 (준장, 육군본부)

군이라는 엄격한 질서를 강조하는 직장에서 얻은 저자의 생생한 경험이 엿보인다. 공무원, 직장인 등 사회생활을 할 때 상하 간, 동료 간 관계의 지침으로 삼아도 좋을 것 같다.

김재운 (세종사이버대학교 경찰학과장)

저자의 삶이 고스란히 전해져 단숨에 독파하였다. 직장 내 처세술을 배울 수 있어 사회생활 새내기인 딸들에게 적극적으로 추천하고 싶은 책이다.

정관 (육군사관학교 교수)

30년 직장생활에서 체득한 지혜들을 다음 세대에게 전달하려는 노력에 찬사를 보낸다. 늘 변화무쌍하고 살아 숨 쉬는 생물 같은 직장에서 때론 힘들고 지칠 때 이 책을 여러 번 정독하시기를 권한다.

윤요한 (앤트앤비 컨설팅 대표이사)

이 책은 30년 군생활 경험을 가진 글쓴이가 직장생활과 인생에 대한 지혜를 담은 슬기로운 사회생활 지침서다. 특히, 직장생활에서 어려움을 겪고 있는 사람들에게 지혜와 용기를 줄 것으로 생각하고 일독을 권한다.

유동국 (나우글로넷 대표이사)

직장이라는 어려운 개념을 거래라는 경제 개념을 이용해 어떤 직장에도 적용할 수 있는 일반론으로 명쾌하게 제시한다. 성공 속에 감춰진 힘들었던 시간을 독자와 공유하고자 벌거벗은 듯이 진솔하게 기술하는 모습에 박수를 보낸다.

고영균 (삼성선물 상무)

산업기술 유출은 전·현직 직원에 의해 발생하고 있다. 이 책을 통해 핵심 인재가 추구하는 이익을 이해하고 인재 유출을 막을 방법도 모색하게 되었다.

송봉규 (한세대학교 산업보안학과 교수)

저자의 진솔한 경험에서 묻어나는 노하우가 생생하게 전달된다. 상사, 동료, 부하, 악당까지 대상별로 기술하여 재미와 더불어 실용적 활용이 가능하다. 인간관계에 어려움을 겪고 있는 직장인에게 필독서로 추천한다.

김도우 (경남대학교 경찰학부장)

하루하루 힘들고 지치는 공동체 생활을 해나가는 현대인들이라면 누구라도 겪을 수 있는 문제해결을 위한 지침을 제시한다. 저자의 전문적인 식견과 경험, 냉철하지만 부드러운 인간관계 요령이 잔잔한 감동으로 전해진다.

임유석 (군산대학교 교수)

저자가 30년 복무하면서 체득한 문제해결 노하우를 구체적 사례와 함께 제시하고 있어 매우 현실감 있게 와닿았다. 누구나 고민하는 상관과 부하의 관계 형성 비법은 사회 초년생뿐만 아니라 관리자에게도 많은 영감을 줄 것이다.

배성진 (중령, ㅇ사단)

업무에 접근하는 관점을 달리해 준 책, 상급자에게 기대하고 실망하는 패턴에서 벗어나 상급자의 시선에서 나를 바라볼 수 있게 만들어 준 책이다. 이제 막 직장생활을 시작하는 사회 초년생들은 반드시 읽어봐야 할 책이다.

이창희 (대위, ㅇ사단)

저자와 미시간주립대 대학원에서 선후배로 인연을 맺은 이후 한결같이 올곧고 건실하게 학술 활동과 군생활을 하는 모습을 지켜볼 수 있었다. 저자는 GIS 연구가 드물던 시기에 이를 배우고 활용하여 공간분석을 진행한 바 있고, 테러에 대한 실증연구를 찾아보기 쉽지 않던 시기에 국가별 테러 발생자료를 분석하여 후속 연구에 영감을 주는 논문을 작성하는 등 늘 도전하는 자세로 연구 지평을 넓혀왔다. 군 간부로서도 맡은 임무에 우직하고 충직하게 일하는 모습을 지켜봐 왔는데 이번에 군생활의 경륜과 뛰어난 통찰력을 바탕으로 군대와 사회에 모두 적용할 수 있는 저서가 나오게 되어 기쁜 마음으로 일독하였다.

직장 새내기는 물론 중간 관리자들에게 많은 도움이 될 수 있는 저서이다. 직장생활에 관한 단순한 노하우에 그치지 않고 저자의 경험 속에서 생생하게 전달되는 지혜와 공감의 힘으로 독자들에게 리더십에 대한 영감을 주고 있다. 직장을 거래의 장소로 보는 시선이 신선하며, 조직에서 길을 찾는 군인뿐만 아니라 일반 직장인들에게 슬기로운 직장생활을 위한 노하우는 물론 스트레스를 해소할 수 있는 힐링의 시간을 줄 수 있는 저서로 생각된다.

지금이라도 당장 직장에 적용할 수 있는 다양하고 현실적인 아이디어가 돋보인다. 특히, 기성세대가 MZ세대를 이해할 수 있는 좋은 관점을 제공하고 있다. 군대뿐만 아니라 미국에서의 대학원 생활, 그리고 학자로서의 경험 등 다양한 경력의 저자가 직접 체득한 삶의 지혜와 폭넓은 지식에서 오는 깊은 내공이 느껴지는 저서이다.

좋은 리더가 되기 위해 고민하는 군과 직장의 간부들은 물론 조직에서 적응하기 위해 길을 찾는 병사들과 초급간부 그리고 직장인들에게 정독하기를 추천하는 바이며, 장군까지 진급하였는데도 직위에 안주하지 않고 후배들을 위한 열정으로 틈틈이 시간을 내어 군과 사회에 도움이 되는 저서를 집필한 저자의 열정에 깊은 감사를 드리는 바이다.

황의갑 (대한범죄학회 회장, 경기대학교 교수)

저자는 본인의 30년 지기다. 생도생활 졸업반 때는 연대장 생도로 사관생도 전체를 대표하는 직책을 수행했고 군인으로서 누구나 꿈꾸는 장군까지 진급했다. 겉으로는 빛

나는 자리에서 행복하게 근무하고 있다고 생각했다. 그런데 이 책을 읽고 장군까지 진급하는 과정에서 겪었던 기쁨과 성공의 순간뿐 아니라 인간적인 아픔과 괴로움의 시간을 보낸 것을 알았다. 특히 어려움을 이겨낸 30년의 지혜를 일반 직장인과 군생활을 하는 후배들에게 전하려는 진심을 느낄 수 있었다.

이 책을 통해 성공한 사람은 더 성공 가도를 달리고, 어려움을 겪고 있는 사람은 어려움을 극복하고 꿈을 이루는 방법을 배울 수 있다. 또한, 직장에서 자신의 이익과 직장의 이익을 조화시키는 것에 대한 경험에서 우러난 저자의 소중한 경험과 지혜를 발견할 수 있다. 독자들도 각자의 생각하는 이익을 최대한 추구하면서 성공하는 직장생활을 할 수 있다는 생각에 자신 있게 이 책의 일독을 권한다.

송광석 (법무법인 '율촌' 변호사)

초판 1쇄 인쇄 2024년 4월 18일
초판 2쇄 발행 2024년 4월 29일

지은이 ｜ 김인걸
펴낸이 ｜ 구본건

펴낸곳 ｜ 비바체
출판등록 ｜ 제2021000124호
주소 ｜ (27668) 서울시 강서구 등촌동39길 23-10 202호
전화 ｜ 070-7868-7849 팩스 ｜ 0504-424-7849
전자우편 ｜ vivacebook@naver.com

ISBN 979-11-93221-13-6 03320